창연 산문선 10

한 쌍의 기러기

서효창·정문자 수필집

창연

정문자 수필가

서효창 수필가

■추천의 글

한 쌍의 기러기, 영원하길

백남오(문학평론가·에세이스트 편집인)

　정문자, 서효창의 부부수필집『한 쌍의 기러기』출판을 진심으로 축하드린다. 여든을 맞이하기까지 부부가 함께 문학을 하며 같은 길을 걸어온 것은 여간 축복이 아니다.
　정문자 수필가는 필자와 함께 문학의 입문에서부터 지금까지 오랜 인연을 이어온 사이다. 그녀는 평생을 한복가게를 운영하며 여성적인 것과 여성의 의상에 관심을 가져왔다. 수필역시 면면히 이어져오는 한국의 전통적인 여인상을 그린다. 「한 올의 정성」이란 작품을 보면 '안동포나 세모시는 이음새가 깔끔한 깎기 바느질을 한다. 그에 비해 겨울에 입는 양단은 비교적 쉬운 물 겹 바느질이다. 소매는 배부른 붕어 배래로 여유를 주었고 깃, 고름, 끝동은 작은 꽃을 수놓았다.'라고 표현할 만큼 섬세함을 그려낸다. 연세가 많으신 고모님을 위하여 밋밋하지 않고 산뜻하게 입으시라고, 수를 놓은 것을 표현한 부분이다. 평생 해온 일에 대한 자부심과 장인정신까지 배어난다. 「어질고 고운 당신」은 바느질을 직접 배운 작은 어머님 이야기다. "문자야! 한복을 지을 때는 한 올을 다투는 섬세한 정성이 깃들어야 한단다. 쉬지 않고 꾸준히 손끝에 익혀야 반듯한 옷이 만들어질 것이다." 작은 어머니는 손에 쥐어주듯, 자상하게 일러 주셨다. 바느질의 스승이기도한 작은 어머니를 그리워하는 작품이다. 살다보면 웬만한 것들은 잊어버리는 것이 일상사이지만 화자는 결코 은혜를 저버리지 않는다. 깊이 새겨둔 고마움을 작품으로 풀어내어 보상을 해야만 직성이 풀린다.

또 하나 그의 대표작이라고 할 수 있는「명자와 청자」는 시장 아침의 생기 넘침과 사람 사이의 인정을 노래한다. 국수를 파는 할머니 명자와 양배추를 써는 할머니 청자의 이야기다. 두 할머니는 자주 티격태격 하지만 화자의 눈에는 다툰다고 생각하지 않는다. 오히려 따뜻한 우정으로 보일 뿐이다. 생때같은 외동아들을 먼저 보낸 명자이고 남편과 딸을 한꺼번에 물에 떠내려 보낸 청자이기 때문이다. 알고 보면 누구나가 아픈 상처 하나쯤은 품고 살아가는 것이 우리네 삶인지도 모른다. 그렇게 실타래처럼 얽혀 사는 시장 사람들의 삶과 인생을 작품으로 형상화하고 있다. 작가 정문자는 그만큼 속이 깊고 품이 넉넉한 사람이다. 작은 것에 연연하지 않고 대의를 생각한다.

정문자 선생의 부군인 서효창 수필가 역시 우리 지역사회에서 왕성하게 활동하는 작가이다. 이번 책에 수록된 그의 수필을 살펴보니 무엇보다도 아내에 대한 절절한 사랑이 눈에 띄어 마음 든든하다. 부부가 평생을 해로하는 것이 당연한 일임에도 불구하고, 그것이 큰 덕목이 되는 시대이다. 서로 나른 환경에 살아서 부부로 만나 일심동체가 된다는 것은 여간 힘겨운 일이 아니다. 확고한 철학 없이는 불가한 일일지도 모른다. 그 철학은 무엇보다도 부부는 소유의 관계가 아니라 동반자의 관계라는 사실을 인식하는 것이 중요하다고 본다. 서로 다름을 인정하고, 각자의 목표를 세워서 먼 인생길을 함께 가면서 의지하고 격려하는 사이 말이다.

서효창의 수필에는 그러한 배려의 철학이 녹아 있다.「일심동체」라는 작품을 보면 '우리가 알고 있는 일심동체라는 말은 부부가 한 몸처럼 되려는 이상적인 목표일 뿐이다. 부부는 아무리 오랫동안 함께 동고동락했더라도 결코, 일심동체가 될 수 없다. 그렇지만 묘하게도 촌수조차 없는 가장 가까운 사이임은 틀림없는 엄연한 사실이다. 다시 한 번 남편과 아내의 다른 점을 깊이 인식하고 끝없이 맞춰가려고 노력해야 할 것이다'라는 표현이 있다. 이상적인 부부생활의 교과서라 해도 과언이 아닐 만큼 공감이 가는 부분이다. 서로 다른 점을 인정하고 끝없이 맞춰가려고 노력해야 된 다는 것이다. 표제작인 「한 쌍의 기러기」 역시 아내 얘기다. '아내는 기러기를 눈여겨보다가, 진주 여행 기념으로 사들였다. 예부터 기러기는 한번 짝을 지으면 평생을 해로한다고 전해온다. 언제부터인가, 기러기 한 쌍은 우리 내외의 상징물이 되었다. 지금도 아내는 반짝반짝 윤이 나게 닦으며, 보물처럼 귀히 모시고 있다'라는 구절에서 알 수 있듯이 삶 전체가 아내에 대한 배려와 사랑이 녹아있다. 아내의 그 사랑을 지키려고 윤이 나게 닦으며 보물처럼 귀히 여기는 점을 놓치지 않는다. 그는 이미 인생에 대하여, 삶에 대하여, 부부관계에 대하여 통달한 지성인이다.

  그런 남편 서효창과 아내 정문자는 너무나 잘 어울리는 한 쌍의 기러기임에 틀림없다. 부창부수라는 말이 딱 어울린다. 두 사람 부부의 정리가 우리 사회의 모범이 되어온 것도 사실이다. 앞으로 남은 인생도 서로 마주 보고 의지하며 그야말로 한 쌍의 기러기처럼 마무리하리라 믿는다. 모처럼 출간되는 귀한 부부수필집에 감동을 받으며 진심으로 독자 여러분의 일독을 권하고 싶다.

■ 수필집 출판을 축하하며

현명하게 사는 삶

10월은 결실의 계절입니다.

하늘은 맑고 황금빛 들판에는 오곡이 익어갑니다. 이 풍성한 가을에 산수기념『한 쌍의 기러기』수필집 출간을 진심으로 축하드립니다.

우리같이 이렇게 늦은 나이에 글을 써서 책을 낸다는 것은, 여간 어려운 일이 아닐 것입니다. 더구나 부부가 함께 수필집을 발간한다는 것은, 극히 보기 드문 경사입니다.

잘 알다시피 정문자, 서효창 두 사람과 우리 셋은 나이가 같은 동갑내기입니다. 그러기에 오랫동안 자주 만나고, 어울렸던 막역지우입니다. 두 사람을 대하다 보면 영적 초월능력을 가진 우학 도인이 떠오릅니다.

도인께서는 거거거 중지(去去去 中知), 행행행 리각(行行行 裡覺) 가고, 가고 가는 가운데 알게 되고, 행하고 행하다 보면 깨닫게 된다고 말씀하셨습니다. 우리가 알고 있는 두 분은, 우학 도인의 말씀처럼 끊임없이 노력하고 실천하는 아주 부지런한 사람입니다.

두 분은 오랫동안 시장에서 성실히 주단점을 운영하며, 노모를 모시고 자식을 키웠습니다. 가게를 물려준 후에는 문학 공부에 심취하더니 나란히 등단하여 책을 펴내기에 이르렀습니다. 소질도 있지만 끈질긴 노력의 결과입니다.

특히 서효창 친구는 몇 년 전 『강가의 아이들』 책을 집필하였습니다. 요즈음은 교차로 신문에 '세월 따라 길 따라' 야담, 야사를 2년째 인기리에 연재하는 중입니다. 그의 문학 활동 열정은 타의 추종을 불허합니다.

우리 주변에는 나이가 많다 하여 무료하게 하루를 보내는 사람이 의외로 많습니다. 그런 면에서 볼 때 이들 부부는 자신이 하고 싶은 일을 꾸준히 해나가는 좋은 본보기이며, 모범사례입니다. 지금이라도 우리가 조금만 생각을 바꾸면 남아있는 삶이 의미 있는 생활로 바뀌게 될 것입니다.

이번에 펴낸 글을 읽어보면 온갖 시련을 겪으면서도 온정을 베풀며 진솔하게 살아온 흔적을 볼 수 있습니다. 그리고 서로 다독이며 어질게 사는 세상을 염원하고 있었습니다. 각박한 현실에 참으로 겸손하고, 고운 마음을 가진 분들입니다. 앞으로도 왕성한 필력으로 좋은 글 많이 발표하기 바랍니다.

끝으로 참여하지 못한 많은 친구를 대신하여 다시 한번 부부수필집 『한 쌍의 기러기』 출판을 축하합니다.

2024년 10월

성우 페리호 선장(전)	김종규
미 의상실 대표	윤봉수
산인민속관 관장	정문용 드림

차례

■ 추천의 글
한 쌍의 기러기, 영원하길 | 백남오(문학평론가) • 3
■ 수필집 출판을 축하하며
현명하게 사는 삶 | 김종규·윤봉수·정문용 • 6

서효창 수필
금잔디 • 12
일심동체 • 16
강변에 있었던 사고 • 20
수선집 이야기 • 23
메타버스(metaverse) • 27
스텐카라친 • 31
견리사의見利思義 • 37
묵인과 명진 • 40
한 쌍의 기러기 • 50
독초 • 54
젊은 의사의 용기 • 57
작은형 • 61
황금 돼지 섬 • 65
물 뿌리는 남자 • 68
마음이 가는 길 • 72
우이독경牛耳讀經 • 76
적벽동천赤壁洞天 • 80
도라지 사랑 • 85
브로맨스 • 109
나를 살린 음식 • 113

직선 입주자 대표 • 117
제법무아諸法無我 • 121
필연 • 131
아- 선생님! • 135

정문자 수필
내 영원한 친구에게 • 140
값진 희생 • 144
내일을 위하여 • 147
동네 연쇄점의 운명 • 151
발리의 추억 • 154
명자와 청자 • 157
모닝 글로리 • 161
가슴에 맺힌 한 • 165
주인 잃은 화분 • 170
그림 같은 청계마을 • 174
점이네 • 179
꽃다운 시절 • 182
소중한 손 • 186
봉선화 자매 • 189
세 자매 • 193
찹쌀떡 온정 • 197
지금도 꿈꾸는 그곳 • 201
해후邂逅 • 206
작은 우주 • 210
한 올의 정성 • 213

엄마의 향기 • 217
순결한 꽃 백합 • 220
예향 전주에서 • 224
어질고 고운 당신 • 228
오 모 테 나 시 • 232
부모 마음 • 235

■ 수필 해설
동갑내기 부부가 걸어온 여정 | 이 연(문학박사) • 238
■ 작가의 글
서효창·정문자 • 254

서효창 수필

금잔디・일심동체・강변에 있었던 사고・수선집 이야기・메타버스 (metaverse)・스텐카라친・견리사의見利思義・묵인과 명진・한 쌍의 기러기・독초・젊은 의사의 용기・작은형・황금 돼지 섬・물 뿌리는 남자・마음이 가는 길・우이독경牛耳讀經・적벽동천赤壁洞天・도라지 사랑・브로맨스・나를 살린 음식・직선 입주자 대표・제법무아諸法 無我・필연・아- 선생님!

금잔디

 마산 창동 예술촌이 차츰 자리를 잡아가고 있다.
 주말에는 상설전시장을 중심으로 방문객이 제법 붐비기도 한다. 한때는 이곳이 서울에서는 명동, 부산에는 광복동, 마산은 창동으로 불릴 만큼 최고의 번화가로 군림하기도 했었다.
 그때는 경남에서 공시지가가 가장 높은 지역으로 매겨지기도 했었다. 자영업자들은 아무리 월세가 부담스러워도 창동에서 장사 한번 해보기를 소원한 적도 있었다. 그러나 근년 들어 손님 발걸음이 뚝 끊기고 빈 점포는 늘어만 갔다. 보다 못한 시, 당국에서 도심형 예술촌을 조성하게 되었다. 빈 점포를 수리하여 예술인들에게 무상대여하고, 각종 전시회, 문화교실 등을 개강하여 활성화에 안간힘을 쓰고 있다.
 그러나 한번 떠난 호경기는 봄이 오면 돌아오는 제비가 아니다. 그나마 창동 상인회의 노력으로 차츰 상권이 살아나고 있어서 한 가닥 희망을 걸고 있다.

 창동 예술촌 위쪽 헌책방 영록서점을 지나 좁은 골목으로 들어가면 빛바랜 건물에 통술집 「금잔디」 간판이 보인다. 한때는 창동 뒷골목에서 통술집이 성시를 이룬 적이 있었다. 지금은 유일하게 금잔디만 그 시절을 대변하듯 몇십 년째 버티고 있다.
 예부터 술맛 좋기로 전국에서 이름난 마산에서 통술은 이곳만의 특별한 술 문화였다. 굳이 통술의 의미를 찾는다면 인심이 후한 주모가 통 크게 푸짐하게 술상을 차려낸다는 뜻이다.

그리고 통술집의 묘미는 술은 취향에 따라 주문하지만, 안주는 요구도, 물어보지도 않는다. 계산 또한 부르는 게 값이다. 그래서 통술집에는 가격표가 붙어있지 않다. 그렇다고 해서 바가지 쓰는 일은 전혀 없다.

워낙 안주가 많이 나오고 술값이 저렴해서 단골은 물론, 외지손님들도 모두 만족해한다.

한창 경기가 좋을 때는 부림 시장이나 창동 일대는 발 디딜 틈이 없을 만큼 인파로 북적거렸다. 바빴던 하루가 저물면 모두 들출출한 시간이다.

학문당 서점 뒤, 초정은 창동 통술의 효시였다. 먹음직한 대구 머리 찜, 안주에 따끈한 청주 한잔은 최고의 별미였다. 술시가 되면 초정은 미어터지도록 꾼들이 모여들었다. 그러자 무학, 연정, 둥지, 향림, 금잔디 등 통술집이 다투어 문을 열었다. 꾼들이야 여어득수(如魚得水) 그야말로 물 만난 고기였다.

그 무렵 나는 부림 시장에서 직물점을 운영하고 있었다.

당시 제일타월, 맥시칸 통닭, 마산 칼라, 부금 금방 사장들과 어지간히 어울려 다녔다. 마산칼라 신태성 사장은 「우리 시대의 우화」 칼럼집을 출간하고 연이어 도의원에 출마했다. 무명에 처음 출마하여 당선의 영광을 안았다. 우리는 매일 금잔디 안방에 모여 선거운동을 돕기도 했었다.

십여 년간 금잔디를 드나들면서 언제나 말없이 무던하던 주모도 좋았지만, 홍례를 잊지 못한다. 홍례는 일찍 시집을 갔으나 남편과 헤어지고, 홀몸이었다. 혼자 바쁘게 움직이는 친척 언니를 도우려고 이곳에 나오게 되었다.

처음에는 음식이나 나르고 손님 시중을 들며 수줍음도 많이 탔다. 그러나 이 바닥이 어딘가? 어느새 주객들과 어울리고 스스럼없이 농담도 주고받았다. 불룩한 가슴, 튼실한 엉덩이를 흔들며 홀을 누비는 젊은 여인을 싫어할 꾼들은 아무도 없었다. 홍례는 싱싱한 배추처럼 건강 미인이었다.

특히 타월 김 사장은 관심이 각별했다. 싫다는 홍례에게 억지로 술을 먹이는가 하면 올 때마다 뭔가를 주는 듯하다. 그럴수록 분위기는 더욱 흥겨웠다. 신 의원은 기자 출신이었다. 술자리에서 민감한 사회 이슈나 정치권에 쓴소리를 많이 했다. 나는 시도 읊고 어설픈 문학 얘기를 주절주절 떠들었다.

그럴 때마다 홍례는 문학소녀처럼 귀담아듣고, 가끔 토를 달기도 했다. 신 의원은 얼큰히 취하면 마산문학 10집에 실린 자작시 「막걸리」를 흥얼흥얼 낭송했다.

　　비록 투명하지 않아도/ 막걸리는 그 텁텁한 맛이 좋다./ 우리네 한이, 앙금이 되어/
　　빚어진 색깔이라서 더 좋다./ 뉘라도 막걸리 빛깔은 채색하지 못할/
　　– 중략.

금잔디에 들어서면 활짝 웃으며 반겨주던 홍례가 어느 날부터 보이지 않았다. 홍례가 없으니 통술집이 텅 빈 것 같고 어딘가 허전하다.

며칠이 지난 후, 내게 연락이 왔다.

"저 홍례예요. 지금은 밀양에 와 있습니다. 사장님은 모르시죠? 타월 사장님이 하도 짓궂게 추근대서 나도 모르게 서 사장님을 좋아한다고 말해버렸어요. 미련하고 바보 같은 아저씨, 내가 여러 번 사인을 보내도 내 마음을 모르더군요. 그렇지만 항상 들려주던 명시, 책 이야기 재미있게 들었습니다. 그동안 즐거웠습니다. 늘 건강하세요."

아뿔싸! 그랬었구나, 그러고 보니 항상 내 곁에 얼쩡거리며 손을 잡을 듯이 바짝 다가서기도 했구나. 마음에 두고 귀한 갈치도 구워 슬쩍 디밀고, 술도 정성껏 따라주는 것을 나는 전혀 눈치채지 못했다.

홍례의 고운 순정을 뒤늦게야 알았다.
홀로 살던 홍례는 듬직한 어깨에 기댈 수 있는 괜찮은 사람이 절실했을 것이다. 외롭고 안타까운 만큼, 성숙한 여인으로 거듭나기를 바랄 뿐이다.
"홍례야! 네 마음을 몰라서 정말 미안하다." 멍청하고 아둔한 나는 뒷머리를 툭툭 치며 스스로 꾸짖었다.
우리가 살아가는 세상은 아무도 예상할 수 없는 일들이 수없이 일어나고 있다. 행여 안다면 무슨 재미가 있겠는가, 그저 하루하루 열심히 살아갈 뿐이다.
(2020년 5월)

일심동체

　우리 사회는 오래전부터 전통적으로 결혼하게 되면 여성은 시집으로 옮겨가 살았다. 그러나 인도네시아 미낭카바우 지방은 드물게 남성이 여성의 집에 들어와 사는 모계사회를 이루고 있다. 이곳에서는 육아는 물론, 재산권을 비롯해 가정의 모든 권한을 여성이 행사하고 휘두른다.
　그렇지만 지구상 대부분 나라는 여성이 살던 곳을 떠나 낯선 곳에서 새로운 삶을 시작한다. 어쩌면 이 땅의 여성들은 숙명적으로 무거운 멍에를 지고 태어나는지도 모른다.

　그런데 친정과 시집이 반목하면 어떻게 될까?
　그 틈바구니에서 당사자는 참으로 난처한 처지에 봉착하게 될 것이다. 그렇다고 어정쩡한 태도를 보이면 자칫 양쪽 모두에 원성과 불만이 심화될 수도 있다.
　조선 초기 동해안 갯가에는 왜구의 노략질이 빈번했다. 두양포에 사는 청포 댁은 식량, 가재도구 등을 모두 약탈당하여 곤궁에 처하게 되었다. 어쩔 수 없이 고개 너머 친정의 도움을 받게 되고, 남편 또한 처가 출입이 잦아졌다.
　예나 지금이나 사위는 백년객이다. 올 때마다 술이며, 밥이며 대접에 여간 곤욕스러운 일이 아니다.
　참다못한 처남댁은 들으라는 듯, 지청구를 늘어놓으니, 내외간

고성이 오갔다. 덩달아 서운한 마음에 처남을 원망하고 종국에는 멱살잡이까지 하게 된다.

화를 참지 못하고 돌아온 남편은 만만한 마누라에게 화풀이했다. 견디다 못한 청포댁은 친정으로 달려갔으나 오라비와 올케에게 실컷 모욕만 당하고 돌아섰다. 그러나 어쩌랴. 남편의 구박은 점점 심해지고 친정마저 외면하자 견디지 못하고 자진하고 말았다.

고운 심성에 착하기만 한 청포댁은 남편과 오빠의 다툼에 이러지도, 저러지도 못하고 사지로 몰리게 된 것이다.

청양『향록집』에 실려 있는 이 사연은 당시 여인들이 숨죽이고 살아온 고난을 엿볼 수 있는 애달픈 사건이었다.

해방 후, 정부가 수립되고 민의원선거가 시행되었다. 경북 어느 지역에서는 처남과 매부가 함께 출마하여 전국에 화제가 된 적이 있었다. 그때나 지금이나 선거에 나서면 오직 당선만을 목적으로 사생결단이다.

이렇게 되자 부인은 이러지도 저러지도 못하는 난처한 처지가 되었다. 그러나 친정 식구들의 집요한 권유를 뿌리치지 못하고 어쩔 수 없이 오빠를 도왔다. 사실 부인은 처음부터 속마음은 친정 쪽으로 기울어져 있었다.

결국, 근소한 표 차로 낙선한 남편은 아내를 원망하며 내쫓고 말았다.

대학생, 고등학생 아이들도 아버지 편을 들며, 어머니의 행동을 이해하지 못하고 외면해 버렸다. 그도 그럴 것이 아이들에게는 아버지가 우선이지, 외삼촌은 한참 먼 사이였다. 가족이라도 각자의 위치에 따라 이렇게 생각이 달라지는 것이다. 이 여인은 한순간의 어리석은 판단으로 가정이 파괴되고, 자식에게조차 버림받은 처량한 신세가 되고 말았다.

오래전 내가 처가의 부모 문제로 처남과 갈등을 빚은 적이 있었다. 한동안 행사 때 만나도 서먹서먹하고 좀처럼 관계가 회복되지 않았다. 그러나 아내는 수수방관하며 때로는 보란 듯이 친정 자랑까지 늘어놓는다. 적극적으로 나서서 화해시키려고 노력은 하지 못할망정 분별없는 언행에 섭섭했던 적도 있었다.

도대체 여성에게 친정은 어떤 의미일까? 그곳은 정들었던 부모·형제가 언제나 반기는 곳이며, 태어나 자라면서 온갖 추억이 깃들어 있는 곳이다. 언제나 훌쩍 떠나고 싶은 안식처이자 영원한 마음의 고향이 친정이다. 더구나 핏줄로 맺어진 형제자매는 영원히 끊어지지도, 끊을 수도 없다.

그렇다면 부부관계는 어떠한가?

두 사람이 가정을 꾸미고 공동으로 자녀를 키우는 더없이 소중한 관계이다. 그러나 아무리 소중한 관계라도 남남이 만난 부부는 어느 날 마음이 변하여 돌아서면 그것으로 끝장이다. 위의 사례를 보더라도 가정을 지키기 위해서는 남편을 지지했어야 했다. 당장은 친정 오빠가 서운하더라도 시간이 지나면 혈육 관계는 회복될 수 있기 때문이다.

우리는 결혼식 주례사에서 부부는 일심동체라는 말을 종종 듣는다. 두 사람이 자식을 낳고 키우며 동고동락하다 보니, 그 말이 그럴듯하게 들린다. 근래 저명한 사회학자들은 바람직한 부부관계 정립을 새롭게 제시한다.

전혀 다른 환경에서 성장한 두 사람은 성격 또한 제각각이다. 서로 자신의 주장을 내세우다 보면 결국 파국에 이르게 된다. 이러한 불행을 맞이하기 전에 남, 여의 다른 점을 인정하고 배려하며 맞춰가는 부부 모델을 권장하고 있다. 현악기의 높고 낮은 음색이 서로 어울려 아름다운 화음을 이루듯, 조화야말로 원만한 가정을 이룰 수 있다고 정의한 것이다.

우리가 알고 있는 일심동체라는 말은 부부가 한 몸처럼 되려는 이상적인 목표일 뿐이다. 부부는 아무리 오랫동안 함께 동고동락했더라도 결코, 일심동체가 될 수 없다. 그렇지만 묘하게도 촌수조차 없는 가장 가까운 사이임은 틀림없는 엄연한 사실이다.

다시 한번 남편과 아내의 다른 점을 깊이 인식하고 끝없이 맞춰 가려고 노력해야 할 것이다. 특히 이 시대를 살아가는 남편들은 아내의 친정 나들이를 백번 이해하고 나아가 즐겁게 동행해야 할 것이다.

ⓒ서정애

강변에 있었던 사고

어릴 때 우리는 낙동강 강변이 유일한 놀이터였다.

따가운 햇볕이 내리쬐는 강 언덕 버드나무숲에는 매미 떼 합창이 고막을 찢을 듯이 울어댔다. 살금살금 다가가 그물 채로 매미를 잡았다. 그러나 울지 못하는 암놈은 날려 보냈다. 벙어리매미는 놀잇거리가 되지 않았기 때문이다.

우리는 여럿이 몰려다니며 물가에서 담수 조개 종류인 대칭이나 재첩을 잡고 모래성을 쌓았다. 이렇게 놀다가 지치면 강물에 풍덩 뛰어들었다. 물장구를 치며 자맥질하고, 물싸움하며 시간 가는 줄 모르고 물속에서 놀았다.

어느덧 한낮의 뜨거운 열기가 식으면 물에서 나와 주섬주섬 옷을 챙겨 입었다. 그런데 저만치에 남아있는 옷이 보였다. 가까이 다가가 보니 노란 셔츠와 반바지가 보이고, 운동화도 나란히 있었다.

이때였다. 나보다 한 학년 위인 4학년 대수가 나서서,

"이 옷은 영대 옷이다."

말하고 강을 향해,

"영대야! 영대야! 빨리 나와라"라고 고함을 질렀다.

그러나 강물은 유유히 흘러갈 뿐 아무것도 보이지 않았다. 영대와 같은 나이에 반에서 짝지였던 대수는 부리나케 달려가 영대 엄마에게 이 사실을 알렸다.

급히 강으로 뛰쳐나온 영대 엄마는 귀한 아들 이름을 부르며 넋을 잃고 통곡했다. 연이어 영대 아버지와 출동한 의용소방대원은 고깃배를 동원하여 사고현장을 오르내리며 샅샅이 뒤졌으나 찾을 수 없었다.

버드나무숲에 모여 이 광경을 보고 있던 우리 꼬맹이들은 무슨 큰 잘못을 저지른 죄인처럼 오들오들 떨고 있었다. 함께 멱을 감기는 했으나 영대가 어떻게 해서 나오지 못했는지, 아무도 모르는 표정이었다.

풀이 죽어 집으로 돌아오기는 했으나 엄마에게 혼나고 쫓겨나지 않을까, 겁이 나서 집 뒤편에 숨어있었다.

그날은 마침 남지 장날이라 엄마는 장터에 있었다. 뒤늦게 아이가 강에 빠졌다는 소문을 들은 엄마는 헐레벌떡 정신없이 집으로 달려와,

"효창아!" "효창아!" 큰 소리로 부르며 나를 찾았다.

잠시 후 숨어있는 나를 발견한 엄마는 와락 껴안으며,

"살아있었구나! 내 새끼, 다행이다. 다행이다. 이 모두 조상님이 돌봐주신 은덕이다." 울먹였다.

그날 저녁, 엄마는 생일에나 먹을 수 있는 쌀밥을 수북이 담아주고, 특별히 꽁치도 구워주셨다. 영문도 모르는 나는 신나게 먹어치웠다. 곁에서 보고 있던 엄마는,

"앞으로는 절대 깊은 물에 들어가지 말고 조심해야 한다. 알았지?"

말하며 머리를 쓰다듬어주었다.

이튿날 학교에서 돌아오니 사람들이 수군거리고 있었다. 알고 보니 소방대원이 수산다리에 걸려있는 영대를 건져 올렸다고 전해졌다.

그런데 저녁참에 지서 순경이 찾아와 멱감을 때 무슨 일이 있었

는지 꼬치꼬치 물었다. 나는 잡혀가지는 않을까 잔뜩 주눅이 들어 있었는데, 엄마가 괜찮으니 사실대로 말씀드리라고 안심시켰다.

그러나 마지못해서 했던 말은,
"여럿이 물장난을 치다가 나왔어요" 뿐이었다.

순경은 그날 함께 멱감은 동네 아이들을 모두 조사하고 돌아갔다. 해마다 강물에 휩쓸려 변을 당했지만, 이번처럼 의용소방대가 출동하고, 순경이 우리를 조사한 적은 단 한 번도 없었다.

영대는 남지에서 떵떵거리며 사는 부잣집 외아들이었다. 다닥다닥 붙은 초가집을 굽어보듯, 덩그렇게 높은 이층 집에 살았다. 할아버지는 서류를 만드는 대서소 서사였으며, 아버지는 면서기였다.

2, 3일이 지나자 이젠 그 일도 잠잠하게 가라앉았다. 우리는 어른들 눈치를 보며 스멀스멀 강가로 모여들었다. 언제 그랬냐는 듯, 전처럼 웃고 떠들며 더 넓은 모래사장을 마음껏 뛰고 뒹굴었다. 그러다가 거침없이 우르르 물속으로 뛰어들었다. 물장난만큼 재미있는 놀이는 없었다.

아이들이 강에서 놀다 보면 불행한 사고가 종종 있기는 했다. 그러나 나의 유년 시절을 생각하면 강가에서 또래들과 어울려 놀던 정경이 가장 먼저 떠오른다. 낙동강 품에서 자란 내 가슴에는 언제나 시퍼런 강물이 흐르고 있다.

(2023년 4월)

수선집 이야기

　몇 년 전 마산 부림시장에서 원단을 판매하는 직물점을 운영할 때였다.
　사는 집이 성호초등학교 뒤쪽이라 철길을 따라 강남극장 앞을 걸어 다녔다. 매일 다니는 길목에 자그마한 양복점이 있었다. 포교당 절 가까이 있는 이 양복점은 우리 가게에서 양복 원단을 끊어가는 단골이기도 했다. 종업원 없이 부부가 일하는 양복점이었지만 워낙 기술이 뛰어나 옷을 맞추러 오는 손님이 끊이지 않았다.
　이들은 양복기능공으로, 의상실 재봉사로, 일하고 있을 때 우연히 눈이 맞았다. 첫눈에 반한 두 사람은 몇 년간 사귀다가 결혼하게 되었고, 어렵사리 양복점을 차리게 된 것이다. 가끔 안주인과 마주치면 부리나케 쫓아 나와 "사장님 안녕하세요" 반갑게 인사하는 언제 보아도 싹싹하고 밝은 얼굴이었다.

　이렇게 평범한 일상이 이어지던 어느 날이었다. 형편이 넉넉하지는 않았지만, 오순도순 살아가는 이 가정에 예고 없이 큰 불행이 닥쳤다. 언제부터인가 양복점 문이 굳게 닫혀있고 아무도 얼씬거리지 않았다. 알고 보니 지병이 있던 남편이 갑자기 쓰러져 세상을 떠나고 말았다고 했다.
　그런데 며칠이 지나자 양복점 간판이 내려지고 수선집으로 바꿰었다. 당장 살길이 막막한 준호 엄마는 옷 수선이라도 해서 애를 키울 요량이었다. 갑자기 남편을 잃고 슬픔에 젖어있었으나 어린 자식을 위해 떨치고 일어선 것이다.

늘 수선집 앞을 지나다니며 도울 방법을 찾던 나는, 팔고 남은 짤막짤막한 자투리 원단을 한 보따리 수선집에 보내주었다. 양장 기술이 있으니 이 원단으로 스커트나 블라우스 등 여성 의류, 아동복을 만들 수 있었다.

이듬해 고등학교에 진학하는 아들에게는 「보은장학회」 장학금을 받을 수 있도록 신청서를 제출했다. 준호가 중학교 성적이 우수하고 결손가정 자녀라 무사히 심사에 통과되었다.

장학금을 받고 찾아온 어머니는 준호에게,

"이분이 너를 장학생이 될 수 있도록 힘써주신 사장님이시다. 인사 올려라"

하고 말하며 눈물을 글썽거렸다. 그들을 보고 있노라니 내 마음이 한결 가벼워졌다. 소소하지만 이렇게 해서라도 어려움을 겪고 있는 모자를 도우려고 애썼다.

어릴 때 유난히 배움에 목말라했던 나는 낮에는 봉제공장에서 일하고 야간학교에 다녔다. 체구도 작고 허약했으나 절대 포기하지 않고 꿋꿋이 이겨냈다.

그때 나는 어른이 되면 가정형편이 어려운 아이들을 도우리라 굳게 결심했었다. 그러던 차에 우연히 곡우 진중만 이사장님의 권유를 받고 조금도 망설임 없이 보은장학회 이사가 되었다.

그 후에도 여전히 수선집 앞을 지나치면, 재봉틀 소리가 들리고 나를 보고 반갑게 인사하는 준호 엄마의 얼굴은 밝았다. 워낙 부지런하고, 붙임성이 좋다 보니 푼돈이나마 쏠쏠하게 버는 듯했다.

그런데 수선집을 자주 볼 수 없는 서운한 변화가 생겼다. 우리

가족의 로망이었던 아파트를 분양받아 정들었던 동네를 떠나게 된 것이다.

　몇 년이 지난 어느 날 준호 엄마는 전에 없이 나를 다방으로 불러냈다. 아파트로 이사한 뒤에도 자투리 원단을 모아주고, 가끔 만나 준호가 공고를 졸업하고 창원공단에 취업했다는 반가운 소식도 들었다.

　내가 자리에 앉자 잠시 머뭇거리다가,

　"사장님! 준호가 짝을 만나게 되었습니다. 두 달 후에 식을 올리기로 날을 잡았습니다."

　나는 반가운 마음에 진심으로 축하 해주었다.

　"실은 부탁드릴 말씀이 있어서 찾아뵈었습니다"

　내가 의아해하자 말을 이었다.

　"아이들 결혼식 때 주례를 맡아주십시오. 준호가 원하고, 신부 쪽에도 그렇게 알고 있습니다"

　나는 깜짝 놀라 "예? 주례를 서달라고요?" 가당치 않다고 손사래를 쳤다. 그러나 준호 엄마는 간곡히 사정하며 매달렸다. 본래 주례는 나이가 지긋한 명사가 서는 것이 제격인데 워낙 간절히 부탁하니 거절할 수 없었다.

　결혼식을 올리는 장소는 3·15 의거탑 위쪽, 백낙삼 어른이 운영하는 신신예식장이었다. 시간이 되자 양측 하객들이 속속 들어와 자리를 잡고 앉았다. 드디어 사회자의 안내에 따라 성혼선언문을 낭독한 다음 어설픈 주례사를 시작했다. 생전 처음이라 어떻게 했는지 정신없이 주절거렸던 것 같다.

　그나마 기억나는 것은 새 출발하는 두 사람에게 영원히 사랑하라고 당부한 말이었다. 신랑 신부와 기념촬영을 마치고 단상을 내려오니 곱게 차려입은 신랑 어머니가 정중히 고개 숙여 감사를 표했다.

예식장을 나오며 수선집 준호 모자가 오늘처럼 오래오래 행복이 이어지기를 간절히 빌었다.
(2023년 3월)

메타버스(metaverse)

　요즘 카카오톡으로 연락하고 동영상이나 음악을 듣는 쏠쏠한 재미에 빠진 사람들이 많다.
　한창때 즐겨듣던 팝송이나 미담을 읽을 때마다 새삼스럽게 스마트폰의 위력을 실감하게 된다. 폴더폰을 사용하다가 스마트폰으로 바꿀 때는 새로 나온 기기를 접하기가 사실 두려웠다.
　휴대하는 전화기는 1970년 일본 오사카 엑스포에서 처음 소개된 후 차츰 성능이 향상되고 급속히 전 세계로 퍼져나갔다.
　처음에는 낯설고 서툴러서 쩔쩔매기도 했지만, 자동차 운전처럼 익숙해지자, 이렇게 편리할 수가 없다. 스마트폰은 이제 카톡은 물론이고 모르는 것을 물어보면 척척 알려주는 온갖 기능을 갖춘 만능박사가 되었다.
　그렇다고 젊은 세대처럼 능숙하게 사용하지는 못한다. 그나마 가까운 지인들과 주고받는 카톡을 가장 활발하게 이용하는 셈이다. 처음에는 모임이나, 한두 사람씩 주고받았는데 요즈음은 많을 때는 20여 통을 받을 때도 있다. 물론 나도 열심히 보내고 있다. 내가 보내야 받을 수 있기 때문이다.

　자주 스마트폰을 만지작거리다 보니 마치 고시 공부하듯 조금씩 사용영역을 넓혀, 모바일 앱을 깔아 물품결제, GP X 등을 할 수 있게 되었다.

얼마 전 서울광장시장 갈 때는 인터넷 앱으로 기차표를 예매하여 KTX 열차를 탔다. 그런데 열차가 동대구역에서 잠시 주차했다가 다시 출발한 후였다. 젊은 아가씨가 내게 다가와,

"어르신 여기는 제 좌석인데요"

말하며 손에 쥐고 있던 핸드폰을 보여주었다. 분명히 내가 앉아 있는 좌석번호였다. '아차! 내가 실수했구나' 순간 당황한 나는 좌석에서 벌떡 일어섰다.

평소처럼 아이들 힘을 빌리지 않고 직접 하다 보니, 내 딴에는 두 번, 세 번 꼼꼼히 확인했었다. 그런데도 제대로 되지 않은 내 불찰이었구나, 실망하며 다시 한번 스마트폰 속 기차표를 들여다봤다. 그러나 정상적으로 예매한 것이 확실했고, 아가씨가 보여준 내용과 같았다.

열차 통로에서 10여 분간 얼쩡거리다가 마침 지나가는 승무원에게 자초지종을 설명하고 스마트폰을 내밀었다. 승무원은 고개를 갸웃거리며 혼잣말로 '창구에서 표를 샀으면 이런 착오가 없었을 것인데….'라고 중얼거렸다.

서툰 아날로그 세대를 빗대어서 하는 말이었다. 그렇지만 별다른 이상을 발견하지 못하자, 이번에는 아가씨 휴대전화를 보고서 단박에 내일 날짜임을 승무원이 발견했다. 이렇게 되자 젊은 아가씨는 아까 당당하던 모습은 간곳없고 얼굴을 붉히며 황급히 자리를 비워주었다.

분명히 젊은 아가씨 실수였다. 나는 빼앗겼던 내 좌석에 도로 앉으며 비로소 안도의 한숨을 내쉬었다. 나아가 '나도 젊은이 못지않게 해냈구나' 하는 으쓱한 기분이 들었다.

1950년경 미국의 과학자 매시슨 튜링 박사는 기계가 생각할 수 있을까? 하는 가능성을 품었다.

"로봇에 다양한 지식을 학습시킨 후, 어떤 문제를 질문하여 사

람과 똑같이 답변한다면, 그 로봇은 생각하는 기계이다"

라고 주장하는 연구논문을 발표했다. 실로 기상천외하고 놀라운 발상이었다. 그 이후 인공지능 분야는 눈부신 발전을 거듭했다.

지난 2022년 대통령 선거 때 모 후보는
"우리 모두 메타버스에 올라 새로운 세상에 동참합시다"

하고 외쳤지만, 그때는 무심하게 들었다. 그러나 점차 가상 인간이 버젓이 TV에 출연하여 활동해도 실제 사람과 전혀 분간할 수 없었다. 그뿐만 아니다. VR을 쓰고 가공된 공간에서 오래전 사망한 사람과 대화하는 장면을 보면서 메타버스라는 요지경을 실감할 수 있었다.

그렇다면 메타버스는 무엇을 뜻하는 것일까.? 김상균 작가에 의하면 초월세계와 가상현실을 의미하는 메타(meta)와 지구와 우주를 뜻하는 유니버스(unievse)의 합성어였다. 설명이 다소 부족하지만, 스마트폰, 컴퓨터, 인터넷 AI, AR, VR, 등 모든 디지털 미디어에 의해 새롭게 전개되는 지구를 메타버스 라고 정의할 수 있겠다.

그나저나 도대체 미래는 어떠한 세상이 도래할 것인가….?

진정한 의미에서 메타버스는 이제 시작단계라고 할 수 있다. 이대로 간다면 무한한 상상의 나래가 현실이 될 것으로 예상한다. 어쩌면 다음 세대는 메타버스를 이용하여 일하러 나가거나, 데이트를 즐기며 일상을 보내게 될 것이다.

그렇다면 이러한 시대에는 우리가 영원히 풀지 못하는 수수께끼를 풀어줄 수 있을까.? 예측하건대 사람의 마음을 꿰뚫어 볼 수 있고, 주식시세, 로또 번호를 척척 알아맞히면 얼마나 좋을까?

그리고 우리는 어디서 왔으며, 어디로 가는지, 속 시원히 밝혀준다면.? 만약 메타버스에서 사후세계를 인도한다면 꼭 보고 싶은 사람, 그리운 사람을 만나게 될지도 모른다. 종교계의 주장이나, 단테의 신곡에나 있을 법한 일이라고 웃어넘길 수 없다.
　워낙 과학이 불가능을 가능하게 하는 기적 같은 지금 추세라면, 영 허황한 꿈은 아니라고 부득부득 우겨 본다.
　(2023년 3월)

스텐카라친

17세기경부터 러시아인들이 즐겨 부르는 노래가 있다. 당시 농민봉기를 주도한 스텐카라친을 추모하는 국민민요이다.

 넘쳐, 넘쳐 흘러가는 볼가강 강물 위에/ 스텐카라친 배 위에서 노랫소리 들린다./
 페르시아 영화의 꿈 다시 찾은 공주의/ 웃음 띤 그 입술에 노랫소리 드높다./
 동편 서쪽 물 위에서 일어나는 아우성/ 교만할 손 공주로다. 우리는 우리다./
 다시 못 올 그 옛날의 볼가강은 흐르고/ 꿈을 깨친 스텐카라친 장하도다. 그 모습./

우리나라 아리랑처럼 유명한 이 곡은, 한때 방랑 가인 이연실이 번안하여 장엄하고 애절하게 불렀다.

1970년대 유신체제에 저항하며 이 노래를 부르자 「아침이슬」과 더불어 금지곡이 되기도 했다. 아이러니하게도 북한에서도 스텐카라친 민요를 사용하고 있다. 김일성, 김정일이 사망했을 때는 이 곡이 장송곡으로 선택되었다. 지금도 북의 중요한 행사에는 빠지지 않고 연주하고 있는 곡이기도 하다.

1667년경 제정러시아는 농노제도를 앞세워 차르의 전제적 통치, 봉건영주의 횡포가 극에 달했다. 볼가강 유역 카자크 농민들은 가혹한 수탈에 신음하며 고통받고 있을 때였다.

당시 부농의 아들로 태어난 라진(스텐카라친의 애칭)은 분연히 떨치고 일어나 외쳤다. "고통받는 카자크인이여! 우리 모두 힘을 모아 자유와 평등을 되찾읍시다!"

카자크 사람들은 유달리 호불호 하는 성격으로 싫고 좋음, 옳고 틀림이 분명한 기질이었다. 그들은 대대로 농지를 공동으로 경작하고, 정확하게 분배했다. 가슴속에 만인은 평등하다는 사상을 오랫동안 간직하고 있었다.

착취와 억압에 시달리던 농민들은 일시에 라진의 깃발 아래 구름처럼 모여들었다. 이렇게 운집한 무리는 서로 형제라고 불렀다. 힘센 사내들은 용감무쌍했으며, 기세등등한 농민들은 파죽지세로 악질영주부터 처단했다.

그리고 볼가강에서 카스피해를 운항하는 세곡선을 습격하여 많은 곡물을 빼앗았다. 이렇게 되자 각지에서 많은 장정이 라진의 휘하에 몰려들었다. 라진은 이들을 정규군체제로 정비하고 농민군이라고 불렀다.

스텐카라친이 이끄는 용맹한 농민군은 관군을 닥치는 대로 섬멸하고 승리의 깃발을 꽂았다. 이들은 한때 볼가강 하류와 카스피해영역까지 광활한 지역을 장악하고 기세등등했다. 관군을 물리친 농민군은 어느새 20만 명을 헤아렸다.

우리나라에서도 조선 말기 부패한 관리의 수탈에 항거하여 봉기한 사건이 있었다. 녹두장군 전봉준이 이끄는 동학군이 한때는 충청, 전라지역을 장악하며 기세를 올리기도 했으나 비참한 최후를 맞았다.

볼가강은 모스크바 서부에서 남쪽으로 흐르는 3,700km에 이르는 긴 강이며, 러시아어로 어머니라는 뜻이다. 근대 문명의 발상지이며, 러시아 인구의 약 40%가 볼가강 지역에서 살고 있다.

　러시아에서 농민혁명이 발발하고 있을 무렵, 우리나라 조선은 효종에 이어 18대 현종(1659년)이 왕위에 올랐다. 왕권이 허약하여지자, 중신들은 백성은 안중에 없고 권력을 잡으려고 당파 정쟁에 여념이 없었다. 이 와중에 힘없고 가난한 백성은 가뭄과 역병에 시달리며 초근목피로 연명하고 있었다.

　막강한 세력을 떨치며 기고만장한 라진은 한때 페르시아 공주를 납치하여 애지중지하며 사랑에 빠졌다. 그러자 그를 추종하던 부하들이 공주의 미모에 빠져 지도자의 본분을 망각했다고 들고 일어섰다.

　이에 깊이 뉘우친 그는,

"압제와 굶주림에 시달려온 농민들을 위해 이 한 몸 바치겠다. 나는 내 조국 러시아를 사랑한다."

　외치고 공주를 볼가강에 던져버렸다.

　다시 대오를 정비한 농민반란군은 3년여간 자유와 평등, 농노제도 폐지를 부르짖으며 저항했다. 그러나 불가항력, 엄격히 훈련된 러시아 정규군에 의해 패배하고 말았다. 스텐카라친은 1671년 체포되어 모스크바 붉은 광장에서 형장의 이슬로 사라졌다.

　그러나 러시아인들은 그의 죽음을 믿지 않았고, 영원한 의적, 불사신의 영웅으로 기억한다. 오늘날에도 구전으로 내려오는 민요를 부르며 여전히 라진을 추모하고 있다. 러시아인이 가장 존경하는 역사의 인물 중, 한 사람이 스텐카라친 이다. 이후에도 러시아 농민들은 [볼라 빈] 봉기(1708년), [푸가초프] 반란(1773년) 등 끊임없이 저항하여 끝내 악법 농노제도는 철폐하게 된다.

　요즈음(2022년 2월)은 러시아가 우크라이나를 침공하여 전 세계가 요동치고 있다. 그동안 사회주의를 포기하고 소비에트연방이 붕괴하자 국토가 많이 줄었다. 음흉한 푸틴 대통령은 옛소련의 영광을 재현하고 세계패권을 노리려는 속셈으로 전쟁을 일으켰다.

  그렇지만 러시아는 아직도 세계에서 가장 많은 영토를 소유하고 있으며, 유럽과 아시아에 걸쳐있다. 1867년 알래스카를 미국에 고작 720만 달러에 팔지 않았으면 아메리카 대륙까지 광대한 국토를 소유할뻔했다.

  우크라이나는 오래전부터 친러, 친서방으로 양분되어있었다. 대부분 유럽을 지지하는 국민에 의해 친서방 로젠 스키 정권을 세웠다. 반면 돈바스는 친 러시아인이 많은 지역이다. 돈바스 지역은 친, 반 러시아인끼리 한 치의 양보 없이 치열하게 다투었다. 이 내전으로 8년여 동안 양측 전사자가 무려 만 오천여 명에 이르는 참혹한 실정이다. 푸틴은 크림반도를 점령한 후, 이제 우크라이나를 침공하여 자신의 야욕을 채우려는 것이다.

  이를 감지한 우크라이나 정부는 장기간에 걸쳐 방어계획을 세웠다. 은밀히 정규군 이십만 명 외에도 민병대 십삼만 명을 양성했다. 특히 민병대는 실전경험이 풍부한 특공대급으로 편성되어 있다. 막상 전쟁이 발발하자 예상을 깨고 이들의 활약이 눈부시다.

  일찌감치 푸틴의 야욕을 감지한 미국 등 서방 나토회원국은 수차례 경고하고 나섰다. 그러나 푸틴은 2022년 2월 베이징동계올림픽이 끝나자 전격적으로 우크라이나를 침공을 단행했다.

  그러자 미국을 비롯한 우방국에서는 우크라이나에 대대적인 군사지원을 하는 한편, 강력한 경제제재에 들어갔다. 첫 조치는 금융거래정지였다. 전 세계가 일제히 동참하자 루블화 가치는 한때 25% 하락할 때도 있었다. 세계경제전문가들은 이대로 제재를 계속하면 러시아는 심각한 디폴트 사태가 도래할 것으로 보고 있다.

이어 에너지 수입을 금지한다고 발표했다. 원유와 가스는 러시아의 주 수출품이다. 서방에서는 전쟁비용으로 충당하는 돈줄을 차단하겠다는 의도이다.

이러한 위기 상황에서도 우크라이나군은 막강한 러시아군을 상대로 예상외로 선전(善戰)하고 있다. 개전초 군사력 열세로 초기에 함락될 것으로, 군사전문가들은 예상했었다. 다행히 젊은 젤렌스키 대통령을 중심으로 전 국민이 단결하여 굳건히 잘 막아내고 있다.

그러나 미로처럼 복잡하게 얽혀있는 우크라이나 민족의 앞날은 아무도 예측할 수 없다. 전쟁이야말로 가장 잔혹한 인류파괴행위이다.

라진의 농민봉기로 10여만 명이 희생되었다고 한다. 러시아 침략으로 벌써 쌍방이 민간인 등 많은 사상자가 속출하고 있다. 이번 전쟁에서 전 세계에 미치는 경제적 손실은 엄청날 것으로 예상한다. 더불어 얼마나 많은 희생자가 나올지 아무도 예측할 수 없다. 전쟁이 나면 선량하고 힘없는 어린이, 노약자들이 가장 먼저 희생되고 있다.

하루빨리 우크라이나에 전운이 걷히고 진정한 평화가 찾아오기를 간절히 바란다.

(2022년 3월)

ⓒ서정애

36_한 쌍의 기러기

견리사의 見利思義

 월말이 다가오면 당좌를 개설한 기업이나 자영업자들은 초조해진다.
 다행히 그달 매출이 원활하면 수월하게 결제할 수 있지만, 예상에 미치지 못하면 속이 타고 쩔쩔매게 마련이다.
 남들처럼 운영자금이 넉넉하여 현금으로 원단을 매입할 수 있으면 얼마나 좋으랴. 항상 자금 사정이 빠듯하다 보니, 부득이 어음을 끊어주고 물품을 구매할 수밖에 없었다. 그런데 이달 당좌예금계좌에 입금 액수가 결제해야 할 금액보다 턱없이 부족했다.
 지출 일보를 훑어보니 며칠 전 K은행 B지점 지점장이 빌려 간 5백만 원이 아직 입금되지 않고 있었다. 바로 연락을 했으나 받지 않아 은행에 갔지만, 오늘따라 지점장은 출근하지 않았다.
 이상한 예감이 들어 찾아간 자택에서는 놀라운 일이 벌어지고 있었다. 십여 명의 채권자가 안방을 점거하고 돈을 내놓으라며 고함을 지르고, 야단법석이었다. 내가 들어서자 지점장은 안절부절 당황한 빛이 역력했다. 언제나 단정했던 모습은 간곳없고 수염이 덥수룩한 채, 초라한 행색으로 빚쟁이에게 시달리고 있었다.

 사건의 발단은 부인이 밀수품에 손을 댄 것이 화근이었다. 처음에는 수입이 짭짤했다. 그러나 미끼였을 뿐 밀수꾼에게 왕창 사기를 당하고 말았다. 초등학교 여교사였던 그는 처음에는 학부모와 동료 교사에게 빌려 돌려막기로 버티었다. 그러나 점차 금액이 늘어나자 나중에는 사채업자에게 손을 벌렸다. 이렇게 되자 빚은 눈덩이처럼 불어나 감당할 수 없는 지경에 이르게 된 것이다.

그들 부부는 좋은 직장에서 남부럽지 않은 행복을 누리고 있었다. 과욕이 가정을 망치고, 많은 사람에게 피해를 준 대참사였다. 대체로 채권자들이 빌려준 금액은 2천, 3천, 5천만 원 등 막대한 금액이었다. 그에 비하면 나는 하찮은 액수였다. 그러나 그 돈이 어떤 돈인가…….

나로서는 실로 거액이었다. 90년대 5백만 원은 결코 소액이 아니다. 나 또한 다른 채권자들처럼 멱살을 잡고 화풀이라도 하고 싶었다.

꾹꾹 눌러 화를 참고 적금을 해약하여 급한 불부터 껐다. 이튿날 지점장의 연락을 받았다.

"면목이 없습니다. 아내에게 이처럼 많은 부채가 있는 줄은 전혀 모르고 융통해주었습니다."

하고 백배사죄하며 머리를 조아렸다. 다급했던 나는 먼저 빌려간 돈을 어떻게 상환할 것인지 물었다.

"염려하지 마십시오. 대다수채권자들은 장기간 높은 이자를 받아온 사람들입니다. 저를 믿고 순수하게 빌려준, 서 사장님은 경우가 다릅니다. 다소 시간이 걸려도 꼭 갚겠습니다."

하고 굳은 의지를 보이며 매달렸다.

장사하는 상인에게는 돈이 생명줄이다. 그 생명줄이 은행에 있다. 특히 지점장은 생살여탈권을 쥐고 있다 해도 과언이 아니다. 당좌대월, 단기차입, 어음대출 등 급할 때 융통해주는 재량권을 지점장이 가지고 있기 때문이다.

만기어음 결제 시 자금이 부족할 때는 은행에서 도와주지 않으면 부도를 피할 수 없다. 이렇게 막강한 권한을 가진 지점장에게 사기를 당했으니 허탈하고 어이가 없었다.

후에 알려진 박 지점장은 오직 학업에 전념하며, 성실히 노력하는 모범학생이었다. 가난한 가정에 맏이로 태어나 아르바이트, 가정교사로 전전하며 고학으로 상대를 졸업했다. 허세도 없고 온순한 성격이었지만 미래에 관해 이야기할 때는 눈빛이 달라졌다고 한다.

그는 어릴 때부터 그림 그리기를 좋아해 화가가 되고 싶었다. 그러나 가정형편이 어려워 자신의 간절한 꿈보다 빨리 취업하기 위해 상대를 선택한 것이다.

입행 후 첫 업무는 조사부였다. 누구보다 성실했던 그는 신입부터 업무 능력을 인정받아 기획실을 거쳐 40대에 지점장 자리에 오르게 된 것이다.

그로부터 몇 달이 지난 후 내 명의로 된 적금통장을 받았다. 기간은 2년이었다. 역시 은행맨 다운 결제방법이었다. 다소 기간이 늦지만, 그나마 전액을 받을 수 있게 되어 다행으로 여겼다. 후일 알려진 바에 의하면 우여곡절을 겪으며 빚잔치를 치렀다고 한다. 채권자들은 겨우 5% 정도 배당이 되었다고 알려졌다.

그는 은행에 복직하지 못하고 제2금융권에 취업하게 되었다. 비록 희망하는 자리에 복직하지는 못했으나 그곳에서나마 능력을 발휘하여 전화위복의 기회가 되기를 바란다.

옛 성현께서는 견리사의(見利思義)라고, 말씀하셨다. 눈앞에 이득을 보게 되면 먼저 그 재물이 옳고 정당한 것인지 생각하고, 취하라는 사자성어가 떠올라 뒷맛이 씁쓸하다.

(2022년 6월《한국수필》발표)

묵인과 명진

오늘은 불교청년회 경남지부 춘계 법회가 열리는 날이다
창원을 비롯해 함안, 고성, 밀양 등 여러 지역 청년회 회원들이 창원 불모산 성주사로 모여들었다. 대웅전 아래 강당에는 이백여 청년 불자들이 빼곡히 들어찼다. 먼저 집회가, 삼귀의, 반야심경을 독송하고 청 법가를 부르며 삼배를 올리자, 원정 주지 스님이 법좌에 올랐다.
스님은 자상한 어머니처럼 온화한 미소를 지으며 법문을 시작했다.
"경남 청년 불자님들 환영합니다. 모처럼 성주사에 젊은이들이 모여 활력이 넘칩니다. 금일 수계의식에 참여하여 수계를 받은 불자들에게 진심으로 축수합니다. 계(戒)를 받는다는 의미는 머나먼 길을 가는 양식이며, 어둠을 밝히는 등불과 같습니다. 선 남자가 불명을 받음으로써 비로소 범부를 벗어나 진정한 불자로 새로이 태어나는 것입니다."
스님은 물 흐르듯 잔잔하게 법문을 이어 나갔다.
"여러분들은 불법에 더욱 정진하십시오. 그리하여 혼탁한 사회를 정화하는 수청주(水淸珠) 같은 소중한 존재가 되기 바랍니다."
원정 스님은 잠시 전 수계 받은 30여 명에게 불명의 깊은 뜻을 말씀하셨다. 그리고 말미에는 수청주 같은 불자가 되라고 당부했다. 아무리 더러운 물이라도 수청주를 담그면 맑아지는 신비한 구슬이다.

원정 스님 뒤를 이어 명진 스님이 법좌에 오르셨다. 명진 스님은 몇 년째 경남지부 청년회의 지도 법사를 맡아 청년들을 가르치고 있다. 비록 삭발은 했으나 반듯한 체격에 콧날이 우뚝한 남성미가 넘치는 모습이다. 스님은 청정한 눈매로 청중을 굽어보며 말문을 열었다.

"오늘날 사부대중이 안고 있는 번민과 고통에 대하여 불교는 어떠한 해답을 제시할 것인가? 한국불교는 현 사회가 당면한 복잡하고, 다난한 문제를 능동적으로 대처하고 있는가? 구태의연한 자만심에 빠져 자비심을 잃고 소명을 상실한 채 허우적거리고 있지는 않은가?"

법사님은 처음부터 사자후를 토하며 청년 불자들의 가슴에 서릿발처럼 예리하게 파고들었다.

"청년 불자 여러분! 불교는 깨달음의 종교이며 타 종교처럼 절대적 신을 신봉하지는 않습니다. 세존께서는 열반에 들기 전 '너희는 네 마음의 주인이 되어라.'라고 마지막 말씀을 남겼습니다. 그런데 현실은 어떠합니까? 자신이 명실상부한 삶의 주인이 되지 못하고 물질과 탐욕, 쾌락의 노예가 되고 말았습니다. 본연의 자신을 상실하고 사는 삶이 어찌 진정한 삶이라 할 수 있겠습니까?"

"젊은 불자 여러분! 닫혀있던 마음의 문을 활짝 여십시오. 이제 새로운 길로 나서야 합니다. 진리의 말씀, 참다운 나를 찾아가는 고행을 멈추지 마십시오. 그리하여 깨달음의 경지에 이르러 진정한 내 마음의 주인이 되십시오"

지도 법사님은 우리가 추구하는 보살행을 명쾌하게 설파하셨다. 그렇지만 〈자신을 찾아가는 여정〉이나 〈네 마음의 주인이 되어라〉라는 말씀은 평범한 속인이 이해하고, 행하기는 아득하고 어려운 화두였다.

　경남의 각 지회장이 회동하면 열띤 토론이 벌어진다. 언제나 토론의 주제는 개혁과 혁신이었다.
〈초하루 보름에 열리는 법회를 주말에 개최하자는 의견을 내놓았다.〉
〈대중과 더욱 가까이할 수 있는 생활불교를 지향하자고 제안했다.〉
〈구태의연한 남존여비 사상, 성차별 문제를 해소해야 한다고 주장했다.〉
　역시 젊은이다운 신선한 발상이었다. 오늘날 불교는 급속히 변화하는 사회환경에 적응하지 못하고 매너리즘에서 벗어나지 못하고 있다. 특히 불교계는 전통적으로 여성을 홀대하고 있다. 비구니는 절대 종무원 간부가 될 수 없고 아무리 작은 절이라도 여승은 주지로 임명하지 않는다. 이 밖에도 함께 법회를 하지 않는 등 여성에게는 여러 가지 차별을 두고 있다.

　부처님 오신 날이 다가오면 청년회는 분주해진다.
　먼저 불교연합회에서 주관하는 봉축 시가행진에 필요한 물품을 챙겨야 한다. 그리고 각 지회 자체 행사를 지원하고, 종합운동장에서 합동 대법회 행사를 치러야 한다.
　김희욱 지부장과 나를 포함한 부지부장 세 명이 지도 법사와 함께 연일 숙의에 들어갔다. 워낙 큰 집회라 철저히 계획을 세워 차질 없이 준비해야 한다.
　먼저 인원동원은 지부장이 두산중공업 법회 회장을 겸하고 있어서 그쪽에서 최대한 동원하기로, 결정했다.
　문제는 행사에 필요한 자금을 어떻게 마련할 것인지 걱정이었다. 우리가 머리를 맞대고 해결 방안을 찾고 있을 때 묵인 스님이 들어왔다. 묵인 스님은 성주사에서 수행 중이며, 불교청년회 중앙교도 부장, 중책을 맡고 있다.

묵인과 명진, 두 스님은 태산 준봉을 넘어 지옥이라도 동행할 도반이요, 함께 수행하고, 참선하는 둘도 없는 동지였다.

우리가 경비 걱정을 하자 묵인 스님은 빙그레 웃으며 새로운 대안을 제시했다. 전혀 예상하지 못한 뜻밖의 제안이었지만 모두들 스님의 말씀을 따르기로 했다. 청년회 회원들은 묵인 스님을 모시고 경남도청에 들어가 도지사님을 뵈었다.

C 지사님은 성격이 서글서글하고 매사 적극적인 분이었다. 지사님은 우리 일행을 반가이 맞이하며, 특히 묵인 스님을 깍듯이 모셨다.

"스님! 이게 얼마 만입니까?"

반갑게 손을 맞잡으며 "갑자기 어인 일로 저를 찾아오셨습니까?" 물었다.

그러자 스님은 거두절미하고

"지사님! 불교청년회 경남지부에서 초파일 행사에 어려움을 겪고 있습니다. 지사님께서 힘이 되어 주십시오"

말씀드리며 공손히 합장했다.

듣고 있던 지사는,

"그런 일이라면 전화를 해도 될 일을 번거롭게 오셨습니다."

껄껄 웃으며 지원하겠다고 흔쾌히 약속했다. 며칠 동안 고민하던 일이 이렇게 쉽게 풀릴 줄 몰랐다. 우리 일행은 비로소 안도의 숨을 내쉬었다.

묵인 스님과 C 지사는 백양사에서 처음 만났다. C 지사가 백양사에서 행정고시에 너무 열중하다가 기진맥진 쓰러지기 일보 직전이었다. 그때 묵인 스님이 정성껏 간호한 덕분에 기력을 회복하여 무사히 고시에 파스 할 수 있었다고 한다.

그 후부터 가까워진 두 사람은 오랫동안 만남을 이어갔다. C 지사가 공직을 수행할 때도 묵인 스님이 여러모로 도왔다고 한다.

　초파일 행사 결산보고서를 작성하고 저녁 늦게 사무실을 나설 때였다. 입구에서 다소곳이 서 있던 초로의 여인이 목례를 하며 내게 다가섰다. 여인은 무슨 할 말이 있는 듯, 머뭇거리면서 쉽사리 입을 열지 않았다.
　정중히 사무실에 모시고 들어와 찾아온 연유를 물었다. 그제야 여인은 들릴 듯 말 듯 조용히 말을 꺼냈다.
　"거사님! 저는 지도 법사님을 만나러 왔습니다. 연락할 수 있는지요.?"
　나는 순간 당황하여,
　"그러시면 명진 스님을 찾아오셨습니까?" 물었다.
　"예, 그렇습니다." 여인은 두 손을 가지런히 모으며 조용히 대답했다.
　무슨 일이 있는 것일까? 묘령의 여인이 불시에 나타나 스님을 찾으니 예사로운 일은 아닌 것 같았다. 다음날 녹차 전문점 다전에서 두 분이 만날 수 있도록 자리를 마련해 드렸다.

　그런데 그날 이후 다시는 명진 스님을 볼 수 없었다. 휴대전화는 꺼져있고 어디에도 연락 닿는 곳이 없었다. 그야말로 바람처럼 흔적 없이 사라져 버렸다.
　스님네들에게는 특이한 습성이 있다. 언제라도 훌쩍 아무 말 없이 떠나버린다. 한번 헤어지면 종종 무소식이다. 내가 많은 스님을 만났지만, 평산과 소운 스님 두 분이 유일하게 소식을 주고받고 있을 정도이다.
　명진 스님 이야기를 들은 묵인 스님은 얼굴이 묘하게 일그러졌다. 묵인 스님은 이 여인이 누구이며, 명진 스님과 얽혀있는 과거를 잘 알고 있었다.

이 여인은 박권호(명진 스님의 속명)의 옛 연인 강순영이었다. 두 사람은 한때 뜨겁게 사랑한 사이였다. 그런데 이제 와 무슨 일로 찾아왔을까? 이젠 잊힐 만큼 긴 세월이 흘렀다. 아직도 끊어지지 않은 한 가닥 질긴 끈으로 이어져 있는 것일까? 만약 미련이 남아있다면 그 사연은 무엇일까? 묵인 스님은 그들의 한 맺힌 지난날을 엉킨 실타래를 풀 듯 술술 풀어냈다.

새 학기를 개강한 따스한 봄날 오후였다. 권호는 캠퍼스 잔디에서 독서삼매경에 빠져있었다. 그때였다. 길 가던 여학생이 난폭하게 달리는 오토바이를 피하려다 권호를 덮쳤다. 순간 두 사람은 데굴데굴 굴렀다.

엉겁결에 꼭 껴안은 남녀는 가쁜 숨을 내쉬고 있었다. 다행히 크게 다치지는 않았다. 이 일로 권호와 순영은 학내 화제가 되었고, 모두 부러워하는 커플이 되었다. 둘은 학교에서, 권호의 자취방에서도, 언제 어디라도 껌처럼 달라붙어 떨어질 줄 몰랐다. 제대하고 복학한 사내와 새내기 여대생은 뜨거운 사랑의 광풍에 휘말린 것이다.

그러나 이들의 만남은 거기까지였다. 엄격하기로 소문난 부모가 귀가하지 않는 딸자식을 강제로 집에 가두어버렸다. 이제 순영이는 집에서 한 발짝도 나갈 수 없는 처지가 되고 말았다.

이런 사정을 모르는 권호는 갈만한 곳을 수소문하며 애타게 찾아다녔다. 순영이 없는 세상은 캄캄한 암흑이었다. 침식을 잊고 미친 듯이 이곳저곳을 정처 없이 헤맸다. 어느 날, 원주에서 순영을 닮은 여성을 봤다는 말을 듣고 정신없이 달려갔다. 그러나 찾을 수 없었다. 지칠 대로 지친 권호는 길섶에 쓰러지고 말았다. 다행히 탁발하고 돌아가던 스님의 눈에 띄어 치악산 상원사로 들어가게 되었다.

묵인 스님은 박권호를 처음 만난 그때를 회상하며 이야기를 이어갔다. 방장스님의 상좌로 있던 묵인은 나이가 비슷한 권호를 위로하며 극진히 보살폈다. 사랑하는 사람을 잃고 실의에 빠져있던 권호는 상원사에서 서서히 안정을 찾아갔다.

주야로 불전에 엎드려 마음을 다잡고 있던 권호는 어느 날 출가할 뜻을 굳혔다. 세상사 뜻대로 되지 않은 괴로움과 미망에서 벗어나고 싶었다.

그러나 불제자의 길이 얼마나 험난한지 묵인은 잘 알고 있기에 적극적으로 말렸다. 아무리 말려도 요지부동, 권호의 굳은 의지를 꺾을 수 없었다. 할 수 없이 묵인은 권호의 머리를 깎아주고, 승복이며 목탁을 마련해주었다.

큰 스님으로부터 받은 법명은 명진이었다. 이제 속세의 연을 끊고 부처님을 모시는 사미승으로 다시 태어난 것이다.

한편 꼼짝없이 갇혀있던 순영은 감시가 허술한 틈을 타서 집을 빠져나왔다.

한시라도 빨리 사랑하는 권호를 만나기 위해 학교로, 자취방으로, 다정히 다니던 곳을 뒤졌으나, 어디에도 흔적을 발견할 수 없었다.

꼭 만나야 하는데 어디로 사라진 것일까? 배는 점점 불러오는데 어떻게 해야 하나? 순영은 깊은 고민에 빠졌다. 그러나 마음을 고쳐먹었다. '언젠가는 권호 씨를 만날 수 있을 것이다.' 그의 사랑을 전혀 의심하지 않은 순영은 자취를 감추고, 아무도 몰래 혼자 아이를 낳았다. 부모님께조차 알리지 않고 혼자 아이를 키우며 언젠가 돌아올 권호를 기다렸다.

그러나 세상은 야속했다. 이를 악물고 모진 세월을 살아온 이 불쌍한 모자에게 먹구름이 몰려왔다. 어느덧 곱게 자라 초등학교에 다니던 아이가 뺑소니차에 치어 불행한 일을 당하고 말았다.

어이하랴, 자식을 잃은 어미는 망연자실, 살아갈 의욕을 잃고 방황했다. 흐르는 눈물을 주체하지 못하고 슬픔에 젖어있던 순영은 어느 날 정신을 가다듬고 벌떡 일어섰다.
'그래, 영혼이나마 그토록 보고 싶어 하던 아버지를 만나게 해주자. 어린것이 아빠가 돌아오기를 얼마나 손꼽아 기다리고 있었든가….' 순영은 굳게 결심하고 아이를 위해 권호를 찾아 나서게 된 것이다.

그 무렵 청년회에서는 도자기 전시회를 개최할 계획을 세웠다. 형편이 여의치 못한 학생들을 돕기 위해 추진한 것이다. 고맙게도 인간문화재 곡우 진종만 선생께서 선뜻 도자기를 희사하셔서 수월하게 성사됐다. 지도 법사의 빈자리는 묵인 스님이 이어받아 전시회 일정은 순조롭게 진행되었다.
우리는 다시 한번 C 지사님께 간곡히 손을 내밀었다. 이번에는 지사님이 직접 테이프커팅을 해주시고 일일이 작품을 둘러본 뒤 기념 촬영을 했다. 지사님을 중심으로 왼편에는 곡우 선생님, 묵인 스님이 서고, 오른편에는 김희욱 회장과 내가 섰다. 기념으로 찍은 큼지막한 사진을 꺼내 볼 때마다 그날 행사장 모습이 떠오른다.

도지사가 행사장에 거동하니 창원시장을 비롯해 각 기관장과 기업체 대표가 대거 참석해 눈길을 끌었다. 이들에게 많은 작품이 팔려나갔다. 이 밖에도 금강자비회, 불교연합회 등 여러 신행 단체에서 협찬하여 전시회는 성황을 이루었다.
신세계백화점 특별실에서 일주일간 전시된 50여 작품 중 40여 점이 팔렸다. 예상보다 크게 웃도는 대성공이었다. 전시회를 마치고 조촐한 자축 다과회 자리에서 우리는 좋은 말씀을 들었다.
먼저 어진 아버지 같은 곡우 선생께 마이크를 드렸다.

"젊음이 넘치는 여러분들이야말로 불교의 희망이오, 미래를 이끌어갈 대들보입니다. 불자 여러분! 누구를 좋아하게 되면 그 사람을 닮아갑니다. 그 사람이 하는 행동과 마음마저 저절로 동화될 것입니다. 여러분은 붓다를 닮으십시오. 붓다를 닮으면 사람다운 진정한 사람으로 살아갈 수 있을 것입니다."

짧게 당부의 말씀을 하셨다.

이어 묵인 지도 법사님이 마이크를 받았다.

"이번 전시회 성과는 여러분들이 한마음으로 이뤄낸 결실입니다. 우리가 애쓴 만큼 형편이 어려운 학생들에게는 희망의 불씨가 될 것입니다. 불우한 이웃을 돕는다는 것, 보시야말로 신앙의 출발이자, 근본입니다. 온정을 많이 베푸십시오. 받는 사람보다 베푸는 사람이 더 만족할 것입니다. 세존의 가르침 속에는 칠불통계(七佛通戒)라는 말씀이 있습니다.

당나라 시인 백거이는 도림 스님에게 '불법의 큰 뜻은 무엇입니까?' 물었습니다. 스님은 '모든 악을 짓지 말고, 온갖 선을 행하라.'라고 답했습니다.

이에 백거이는 '그것은 삼척동자라도 아는 것입니다.' 하고 비웃자, '삼척동자가 알지언정 팔십 노인이 되어도 실천하기 어렵습니다.'고 말씀하셨습니다.

칠불통계는 일곱 분, 부처님의 한결같은 가르침입니다. 여러분의 가슴에 깊이 간직하십시오"

하고 간곡히 말씀하셨다. 묵인 스님의 말씀을 들으며, 다시 한 번 행방을 알 수 없는 명진 스님 소식이 궁금해졌다.

오랜만에 명진 스님이 참선하시던 의림사를 찾아갔다.

새로이 중창한 경내는 잘 차려입은 여인처럼 깔끔했다. 명부전 옆에는 노랗게 익은 모과가 그윽한 향기를 풍기고 있었다. 이렇게 큰 모과나무는 인근에서 찾아보기 어렵다. 수십 미터 높이에 탐스러운 모과가 가지마다 한껏 열려있었다.

  고요한 법당에서 가부좌하고 생각에 잠겼다. 성심껏 청년회를 이끌어주시던 명진 스님 모습이 떠오른다. 지금쯤 변함없이 어느 암자에서 수행 정진하고 계실까? 아니면 승복을 벗고 환속하여 못다 한 사랑을 꽃피우고 있지는 않을까? 그리하여 영혼이나마 아이를 만나서 못다 한 정을 나누었을까……?

  어떻게 살고 있는지 자못 궁금하다. 아무려면 어떠하랴, 명진으로 수행하거나, 승복을 벗고 다시 권호로 돌아가거나, 그것은 오롯이 자신이 선택할 몫이다.

  나는 또다시 깊은 상념에 빠진다. 나는 언제쯤 늠름하고 잘생긴 명진 스님 모습을 뵈올 수 있을까? 뵙게 되면 어떤 모습으로 바뀌었는지, 어떻게 사는지, 다시 한번 궁금한 마음 금할 수 없다.

  부질없는 미망에서 깨어나 절 마당으로 내려섰다. 어느새 저녁 노을이 가람(伽藍)을 붉게 물들인다.

  주지 스님께 합장하며 떠나는 인사를 올리고 절간을 나왔다. 소슬바람에 붉은 낙엽이 흩날리고 풀벌레 소리가 은은하게 들렸다.

  벌써 가을이 다가오는가, 가고 오는 계절은 어김이 없다.

한 쌍의 기러기

아내와 함께 진주성을 찾아갔다.

얼마 만인가, 오래전 이곳에 왔을 때 우리 부부는 풋풋한 청춘이었다. 그날은 우리가 뜻깊은 행사를 마치고, 가까운 진주성을 관람하게 되었다. 진주성 북쪽 공복문을 들어서니 우뚝 선 김시민 장군의 동상이 우리를 맞이했다. 진주성의 주인은 누가 뭐래도 구국의 영웅 김시민 장군이다.

장군은 전장에서 소리높여 외쳤다.

"나는 충의를 맹세하고 진주성을 지켜 백성을 구할 것이다. 우리가 힘을 합치면 섬 오랑캐 수십만인들 무엇이 두려우랴. 나를 따르는 자는 살 것이며 도망하는 자는 멸할 것이다. 나의 엄지는 이미 떨어지고 식지와 장지로 활을 당기다가 남은 세 손가락마저 떨어질 때까지 싸우리라."

비장한 각오로 부하 장졸들을 격려했다고 한다.

1592년, 불과 3,800여 명의 군사로 왜군 2만여 명을 물리쳤으니, 참으로 믿기 어려운 기적 같은 진주대승첩이었다. 그러나 안타깝게도 김시민 장군은 적이 쏜 총탄을 맞고 쓰러졌다. 사경을 헤매던 장군은 끝내 회복하지 못하고 열흘 후 순직하고 말았다.

이 전투는 뜻이 깊었다. 왜적과 맞서 처음 승리를 거두었으며, 연전연패하던 조선군은 싸우면 이길 수 있다는 자신감을 가지게 되었다. 이로써 왜군에게 반격할 수 있는 계기가 된 것이다.

김시민 목사가 서거하자 경상도 관찰사 학봉 김성일이 나섰다. 그는 1만 5천 병력을 동원하여 2차 진주성 싸움을 대비하던 중 과로로 숨지고 말았다.

일찍이 김성일은 일본을 염탐하고 돌아와,

"히데요시의 눈은 쥐와 같아 침략하지 않을 것이며 두려워할 인물이 아닙니다."

말하며 전쟁은 일어나지 않을 것이라고 호언장담했었다. 그러나 그의 말과 달리 왜군이 밀려오자 파직당하는 수모를 겪었다. 다행히 류성룡의 건의로 경상도 관찰사가 되었으나 끝내 명예를 회복하지 못하고 숨졌다.

진주성 2차 공방전은 최경회 장군이 지휘하게 되었다. 그러나 중과부적, 왜의 10만 대군을 맞아 처절한 전투 끝에 진주성은 함락되고 말았다.

그런데 진주성을 둘러보다가 어쩐지 허전했다. 나라를 위해 목숨을 바친 무명용사를 위한 위령탑이 보이지 않았다. 이름도 명예도 없이 숨져간 수많은 영령을 추모하는 탑이나 사당은 진주성 어디에도 찾아볼 수 없었다.

견고하게 쌓은 성벽을 따라 촉석루에 오르면 남강의 푸른 물결이 유유히 흐른다. 많은 시인 묵객이 유서 깊은 이 고장을 노래했다.

짙푸른 남강물은 진주성을 감싸고/ 천만년을 변함없이 도도히 흐르는구나/ 예부터 이곳은 고고한 학이 날갯짓하고/용맹한 호랑이가 포효했도다./ 옳음이, 충심이, 절개가 살아 숨 쉬는 유서 깊은 이 땅에/구름인들, 바람인들, 허수히 지나가리/

촉석루 옆에는 의기 논개 영정이 걸려있는 사당이 있다. 의암(義巖)에서 왜장을 안고 강물에 투신한 그의 결기는 조선 여인의 표상이 되었다. 누가 여인은 연약하다 하였는가? 프랑스에 잔다 크가 있다면 우리나라에는 논개가 있다.

논개는 기생? 최경회의 후처? 기생첩? 등 여러 갈래 추측이 난무하다. 김별아 작가가 쓴 『논개』에서는 기생이 아니라 몰락한 신안주씨 후손이라고 밝혔다. 주 논개이든, 그냥 논개이든, 아무려면 어쩌랴, 그가 행한 의로운 쾌거는 신분을 초월하여 영원히 만인의 추앙을 받고 있다.

> 거룩한 분노는 종교보다 깊고/불붙은 정열은 사랑보다 강하다/아-! 강낭콩보다 더 푸른 그 물결 위에/양귀비꽃보다 더 붉은 그 마음 흘러라./ 변영로 『논개』 중략

우리는 말끔하게 단장한 성내를 둘러보고, 국립진주박물관으로 향했다.

이순신 장군, 김시민 장군이 전장에서 입었던 갑옷이며 큰 칼, 활과 화살 등을 눈여겨봤다. 이밖에도 친필 상소문 등 진귀한 보물이 진열되어있었다.

별실에는 남강 야경을 화려하게 밝히는 유등 축제를 슬라이드로 볼 수 있었다. 갖가지 형상으로 띄운 유등의 불빛은 강물에 아롱져 황홀한 밤을 연출했다. 강에 유등을 띄우게 된 연유는 군사 작전용이었다. 김시민 장군이 의병과 연락을 취하고 등을 밝혀 야밤에 왜군의 움직임을 감시했다고 한다.

우리 부부는 이 박물관에 잊지 못할 추억이 있다. 30여 년 전 이곳 판매장에 들렀을 때였다. 나무로 정교하게 깎아 옻칠한 기러기 한 쌍이 보였다.

아내는 기러기를 눈여겨보다가, 진주 여행 기념으로 사들였다. 예부터 기러기는 한번 짝을 지으면 평생을 해로한다고 전해온다.

언제부터인가, 기러기 한 쌍은 우리 내외의 상징물이 되었다. 지금도 아내는 반짝반짝 윤이 나게 닦으며, 보물처럼 귀히 모시고 있다.

  오늘은 앙증맞은 보석함을 샀다. 보석함 자개 문양이 섬세하고 아름다웠다. 아내가 늘 가지고 싶어 하던 보석함이었다.
  진주성을 나와 남강 강변으로 향했다. 선착장에서 유람선, 김시민호에 올라 한가로이 남강을 유람했다.
  진양호에 도착하니 어느새 하루해가 저문다. 붉게 물든 낙조를 바라보며 서둘러 발길을 돌렸다.

독禿

 사각사각 머리를 자르는 가위질 소리가 일정하게 들린다. 잠시 후 요리조리 살펴보다가 머리를 가지런히 빗은 다음, 다시 가위질을 시작했다. 신중하고 침착하게 머리를 다루는 자세만큼은 여느 이발사 못지않다.
 아내는 십여 년째 내 머리를 깎아주고 있다. 곁들여 귀 안의 가려운 솜털도 일일이 뽑아주기도 한다. 처음에는 면도날로 어설프게 커트해서 머리 모양이 산뜻하지 않았다. 하기야 첫술에 배부를 수는 없다. 차츰 횟수를 거듭할수록 일취월장, 이발 기술이 나아졌다. 지금은 아내를 믿고 스스럼없이 머리를 맡긴다. 번거롭게 이발관에 가지 않고 아내의 서비스를 받을 수 있는 호사를 누리고 있는 셈이다.

 그런데 근래 들어, 내 머리가 예사롭지 않다. 언제부터인가 성수리가 방석처럼 둥글게 드러나고, 앞이마가 점점 넓어지는 것이다. 드디어 탈모가 시작된 징조였다. 남자들은 나이가 들면 대부분 머리카락이 빠진다고 한다. 그 원인은 유전자에 프로그래밍이 되어있기 때문이라고 했다. 말하자면 일정한 나이가 되면 서서히 탈모가 진행된다는 뜻이다.
 그러니 아주 특별한 방법을 취하지 않고는 막을 방법이 없다. 그렇다고 고희가 지난 나이에 모발을 심거나, 가발을 하기에는 너무 늦었다.

　아내는 "빛나리? 가 되어 머리 손질하기가, 훨씬 수월해요" 놀려댄다. 딸아이들은 먹는 약, 바르는 약, 그리고 까맣게 발라 컴프러치하는 크림까지 보내주고 있다. 그러나 아무런 효과를 보지 못하고 머리칼은 계속 빠지고 있다.

　언제부터인가 나는 머리숱이 많은 지인이 부럽고, 내 머리카락 한 올 한 올을 보석처럼 아끼게 되었다. 나 같은 중생이야 사라지는 머리가 애통하지만, 스님들은 아까운 머리를 밀어버린다. 출가하여 속세와 인연을 끊고, 수행자의 길을 걷겠다는 굳은 다짐으로 삭발을 한다고 한다.
　명나라 태조 주원장은 한때 머리를 빡빡 깎고 스님이 된 적이 있었다. 후일 황제가 된 그는 당시 머리를 깎았던 콤플렉스가 아주 극심했다.
　대머리 독(禿), 글자가 들어있는 공문을 올리는 신하를 무참히 죽여버렸다. 심지어 보편적으로 사용하는 빛 광(光)자도, 엄격히 사용을 금지했다. 그만큼 대머리를 싫어하는 그의 열등의식을 짐작할 수 있다.
　하기야 5공화국, 전 정권 때는 대머리 개그를 금지하고, 머리가 넘어간 탤런트는 출연을 할 수 없었던 어이없는 일이 벌어지기도 했다. 군사정권의 획일적인 적폐였다. 아무래도 대머리가 멋있고, 보기 좋을 수는 없는 것 같다. 그러기에 모임이나 지인을 만날 때는 머리 때문에 공연히 소심해진다. 특히 여성들과 함께하는 자리에서는 자신감을 잃고, 슬금슬금 뒷자리로 물러날 수밖에 없다.

　고민하던 나는 궁여지책으로 행인들이 쓰고 다니는 모자를 유심히 보게 되었다. 다양한 모자를 쓰고 다니는 젊은이들은 새로운 패션처럼 멋있게 보인다. 반면 우리 같은 노인네들은 모자가 어울리는 사람이 드물었다.

처음에는 창이 길쭉한 볼 캡(ballcap) 일명 야구 모자를 몇 개 샀다. 그리고 차양이 짧고, 둥글넓적한 헌팅캡(huntingcap)을 써보기도 했다.

헌팅캡은 왜놈 앞잡이 조선인 형사가 이 모자를 쓰고 거들먹거리던 일명 땅개 모자이다. 안타깝게도 모자는 내 외양과 따로 노는듯하고 어색하기만 했다.

미국의 동부 미시간 호수에 인접한 시카고는 스포츠시설로 유명하다. 그런데 이곳에는 또 하나 오랜 전통을 이어가는 모자의 명소가 있다. 중절모를 비롯해 판도라 모자 등 무려 2만여 개가 전시되어 있다고 한다.

실제로 얼굴을 전송하면 시뮬레이션으로 가장 적합한 모자를 보여주고, 주문제작도 가능하다고 한다. 실로 모자의 천국이 아닐 수 없다.

그동안 딸아이가 보내주고 내가 구매한 모자가 20여 개나 된다. 정장하고 중절모를 쓰고 나가면 사람들의 눈길이 부담스럽다. 헌팅캡은 그나마 주목을 덜 받는다. 날씨가 추울 때는 따뜻해서 즐겨 쓰고 다니고 있다.

내 얼굴에 어울리시는 않지만, 그래도 이 모자들과 가까워지고 싶다. 나날이 머리카락이 사라지는 판국에 어디라도 기댈 곳이 있어야 하지 않겠는가, 거울을 볼 때마다 시카고 모자점이 떠오른다. 얼굴을 전송해보든지, 가깝다면 꼭 한번 들러서 내게 어울리는 모자를 고르고 싶은 심정이다.

젊은 의사의 용기

 휘몰아치는 찬바람이 사정없이 뺨을 때린다. 갑자기 추워진 날씨에도 바쁘게 움직이다 보니 몸이 배겨나지 못하고 탈이 나고 말았다. 침을 삼킬 때마다 목이 따끔거리고 팔다리가 욱신욱신 쑤신다.
 방한대와 머플러로 단단히 무장하고 B 이비인후과 의원에 들어섰다. 먼저 접수 창구에 약봉지를 내밀며 증상에 맞게 처방이 되었는지 확인해달라고 요구했다. 어제, 이 병원에서 치료를 받고, 약을 먹어도 호전되는 기색이 없었다. 자세히 살펴보니 새로 온 의사의 약 처방이 바뀌어 오늘 다시 온 것이다.
 잠시 후, 간호사가 이상이 없다고 말하며 약국에 가보라고 한다. 약국 역시 같은 대답이다. 할 수 없이 의사를 만나려고 재, 접수했다. 대기실 의자에는 차례를 기다리는 환자들이 대만원을 이루었다. 어렵게 사람들 사이에 비집고 앉았다.
 오랫동안 목이 아플 때마다 이 병원에 다녔다. 이곳은 여느 의원처럼 원장이 진료했으나 밀려드는 환자를 감당하지 못해 젊은 의사를 채용했다.

 한참을 기다려 젊은 의사에게 증세를 설명하고 전에 복용했던 약을 요구했다. 의사는 고개를 갸우뚱하며 별말 없이 다시 처방해 주었다. 병원을 나오며 쪽지에 '병원장님, 이 약을 먹어도 차도가 없었습니다.' 적고 처음 처방했던 약 봉투를 함께 넣어 원장에게 전했다.

  집에 돌아와 곰곰이 생각해 본다. 이기적인 내 생각으로 의사를 불신한 것은 아닐까? 그러나 아무런 설명도 없는 무관심한 의사가 조금은 서운하다. 불평이 많은 사람은 어디를 가도 불평하기 마련이다. 화가 나도 남의 일 인양 한걸음 물러서 바라보면 차츰 사그라진다. 아직 수양이 덜 된 내 심성을 탓하며 마음을 고쳐먹었다.

  며칠 후, 지인의 서예 전시회를 관람하던 중, 휴대전화가 울렸다.
  "B 병원 정영수입니다."
  갑자기 전화를 받고 머뭇거리자,
  "얼마 전 선생님 인후염을 치료한 의사입니다."
  B 이비인후과 젊은 의사의 전화였다.
  마침, 가까운 곳에 있었던 터라, 전통찻집 예그린에서 마주 앉았다. 그윽한 녹차의 향기를 음미하며, 다시 한번 그를 찬찬히 훑어봤다.
  하얀 가운을 벗고 단정한 옷차림에 이목구비가 반듯한 젊은 청년이다.
  "먼저 죄송하다는 말씀 올립니다." 말하며 정중히 고개를 숙였다.
  나는 손사래를 치며
  "내 주관으로 의사를 불신하고 무례를 범하지는 않았는지 도리어 미안합니다."
  라고 말했다. 우리는 녹차를 세 번이나 우려 마시며 이런저런 이야기를 나눴다. 젊은 의사는 B 원장의 설명을 자세히 들었다고 말했다.

자주 재발하고 증세가 심한 환자는 항생제를 복용해야 한다. 그런데도 병세가 가벼운 환자를 기준으로 일반 진통제를 처방하고 항생제는 제외한 것이다. 경험이 부족한 자신의 실수를 인정하며 거듭 사과했다.

내가 만난 의사 중 C 병원장을 잊을 수 없다. 어머니가 천식으로 이 병원에 자주 다녔다. 갈 때마다 병원장이 친절하게 병세를 설명하고 직접 주사를 놓아주며 좋아질 것이라고 안심시켰다. 주로 호흡기질환을 치료하는 이 병원은 아침 7시 전에 접수해야 그날 진료를 받을 수 있었다. 오후에는 교도소, 보육원 등 소외된 시설에 무료 왕진을 다니기 때문이다.

어느 날 고등학교 다니던 아들을 진찰하던 원장님은 담배가 얼마나 해로운지 상세히 설명했다. 그리고 자신이 힘들었던 고학생 시절을 들려주며 학업에 전념하라고 누누이 당부했다. 한창 성장하는 아이를 바른길로 인도하는 그는 의술을 넘어 인술을 베푸는 진정한 의사였다.

B 이비인후과 의원은 그 이후에도 몇 번 들락거렸다. 감기만 들었다 하면, 목이 부어올라 어쩔 수 없이 병원 신세를 질 수밖에 없었다. 그때마다 젊은 의사는 증세를 세세히 살펴본 다음 처방을 내렸다.

그러던 어느 날이었다. 진료를 마친 그는
"그동안 고마웠습니다. 다음 주부터 다른 병원에서 근무하게 되었습니다. 코로나가 유행하는 요즈음은 더욱 건강에 유의하십시오"
하고 말하며 작별 인사를 했다.
알고 보니 코로나19 거점 병원에서 근무하겠다고 지원했다.
코로나 환자는 연일 늘어나는데 전문적으로 치료하는 병원마다 전문의가 부족하여 쩔쩔매고 있었다. 이 와중에도 위험을 무릅쓰고 환자를 치료하는 젊은 의사의 용기 있는 행동을 칭찬하지 않을 수 없다.

  나무는 거친 비바람을 이겨내야 비로소 거목으로 성장할 수 있다. 장래가 촉망되는 정영수 전문의 앞날이 청청하기를 기원한다.

작은형

　고향 친구가 보내준 청첩장을 받았다. 늦게나마 며느리를 보게 되어 다행이다. 마흔을 바라보는 자식이 홀로 지내는 모습을 보는 부모는 속이 새까맣게 타들어 갔을 것이다.
　세상은 많이 변했다. 여성해방을 부르짖는 페미니스트가 아니라도 요즈음 젊은 여성들은 결혼을 무덤이라고 생각한다. 임신과 육아로 경력이 단절되고 시집과 불화 등으로 싱글족이 점점 늘어나는 추세이다. 사회 여건이 이러하니 인구절벽이 될 수밖에 없다.
　읍내 예식장은 아담했다. 시간에 맞춰 양가 하객들이 속속 식장으로 들어섰다. 오랜만에 만나는 지인들과 일일이 인사를 나누고 자리에 앉았다.
　식순에 따라 성혼선언문을 낭독하는 주례의 목소리가 귀에 익었다. 웅얼웅얼 음성이 울리고 뚱뚱한 K형이 틀림없었다. 형은 나보다 4살 많으니, 작은형과 동갑인 셈이다.
　식이 끝나고 인사를 드렸다.
　"어-! 아우님 아닌가? 오랜만일세! 신랑 혼주와 친한 사이지?"
　말하며 반긴다. 한의원을 운영하며 군의원을 역임했으니 이 지역에서는 유지에 속한다. 알고 보니 주례를 종종 서고 있었다.
　나는 형을 모시고 가까운 다방으로 들어갔다. 이 고장의 특성상 좁은 지역에 다방이 많은 편이다.

K형과 작은형은 어릴 적부터 함께 뛰놀았다. 두 분 형님을 생각하면 먼저 태권도가 떠오른다. 무덕관에서 두 사람은 쟁쟁한 라이벌이었다.

시장통 싸전에서 연무대회를 개최한 적이 있었다. 전 관원이 기합에 맞추어 절도 있게 기초 동작을 선보이고, 두 사람씩 자유대련을 겨루었다. 역시 대회의 하이라이트는 격파 시범이었다.

연무대회가 화제에 오르자, K형이 정색하며 장황하게 설명한다.

"많은 사람이 둘러싸고 구경을 하고 있었지. 내가 관원의 어깨에 올라 송판을 잡고 자네 형이 격파했다네. 2단 옆차기로 두꺼운 송판을 박살 내자 관중들은 손뼉을 치고 난리가 났지. 내가 송판을 꽉 잡고 있었기에 성공했을 거야."

"허허허" 형은 유쾌하게 웃었다.

연무대회가 성황리에 끝나자, 작은형은 요샛말로 인기 [짱]이었다. 덩달아 나까지 우쭐해지며, 형을 좋아하는 아가씨들 편지 심부름도 했었다.

명실공히 일인자가 된 형은 태권도 도장을 운영하고 가르치는 사범이 되었다. 저녁 수련을 마치면 극장 기도를 섰다.

극장에서 도장 운영에 도움을 주었기 때문이다. 60년대 인기가수 남일해 쇼를 할 때는 경호를 맡았다. 체격이 작은 남일해는 팬들에게 밀려 자칫 다치는 경우가 있었다.

그렇지만 마냥 좋은 일만 있는 것은 아니었다. 툭 하면 싸움이 붙어 사고를 치는 통에 어머니가 마음고생을 많이 했다. 형이 경찰에 잡혀가면 피해자를 찾아다니며 백배 사과하고 어렵게 합의서를 받아냈다.

어머니가 형에게 하소연했다.

"너희 형제들 올바르게 잘 키우려고 했는데 네가 이런 짓을 하면 어미는 죽고 싶은 심정이다."

하시며 흐느꼈다. 딴 살림을 차린 아버지는 없는 것이나 다름없었다.

K형과 헤어져 흐르는 강을 따라 천천히 걸었다. 철 지난 유채밭은 쓸쓸하다. 마치 이별하는 여인의 치맛자락처럼 초라한 꽃대가 스산한 바람에 흔들린다. 유채밭 어름에 우리 집이 있었다.
우리가 강변에 살 때는 해마다 얼음이 꽁꽁 얼었다. 은빛 번쩍이는 칼 스케이트를 타고 얼음 위를 신나게 달리던 형의 모습이 어른거린다. 작은형과 나는 처음 보는 사람이 착각할 만큼 영락없이 닮았다. 강물에 비친 내 얼굴을 보며 훌쩍 떠나버린 형을 회상해 본다.

시난고난하던 형이 위중했다. 하루는 병석에 누워있는 형과 긴 시간을 가졌다. 큰형은 외지에 나가 있어 나는 항상 작은형을 따라다녔다. 눈길에 손을 맞잡고 학교 가던 길, 똑같이 우등상을 받았던 얘기, 낚시 갔다가 고기가 잡히지 않아 메뚜기 잡던 일 등 우리 이야기는 조곤조곤 끝없이 이어졌다.
형제간에 대화가 길어지자 형수가 음료를 챙겨주고 나갔다. 이제 형은 옆으로 누워 말하고, 나는 벽에 기대어 들었다.
내가 대구에서 야간고등학교 다닐 때 형은 입대했다. 군복을 입은 잘생긴 형 사진을 교실에서 자랑했다. 많은 편지를 받았는데 그중에 생각나는 구절이 있다.
"산란기 연어가 거센 물결을 헤치고 상류로 올라오듯, 굳은 의지로 학업에 전념하기 바란다……" 중략.
"내가 그런 편지를 보낸 적이 있었나?"
형은 전혀 기억하지 못했다. 이어
"너는 언제나 본분을 잊지 말고 살아라. 그리고 항상 건강에 유의해라"

향년 예순여섯, 이 말이 내가 들은 형님의 마지막 말씀이었다.

작은형은 체격이 듬직하고 잘생긴 미남이었다. 유독 삼겹살에 소주를 즐기던 호방한 사나이였다. 또한, 서예, 그림, 명리학 등을 섭렵하여 누구보다 해박한 지성인이었다. 미인은 박복하고 재인은 단명하는가……?

영원히 돌아오지 못할 저 강물처럼 불귀의 객이 되어버린 형이 오늘따라 유난히 보고 싶다.

낮게 내려앉은 잿빛 하늘에서 후드득 가을비를 뿌린다. 간간이 스치는 차가운 빗방울을 맞으며 하염없이 강둑을 걸었다.

ⓒ서정애

황금 돼지 섬

  6월의 하늘은 푸르고 불어오는 바람은 싱그러웠다.
  승객을 태운 배가 선착장을 떠나 힘차게 물결을 헤치고 앞으로 나아간다. 스치듯 지나가는 인공섬에는 크고 작은 장비가 늘어서 있고, 나무를 심느라 분주하다. 십여 분이 지나자, 저도(猪島)에 도착했다. 1910년경에는 이 섬에 20여 호가 살았다고 한다. 주로 보리와 채소 농사를 짓고 멸치 어장막, 낚시터로 유명했었다고 전해 온다.
  황금돼지가 반기는 이곳의 시간은 느리게 지나간다. 붐비지 않으니, 서두르지 않아도 여유 있게 둘러볼 수 있기 때문이다.
  못 와 본 동안, 섬은 얼마나 변했을까?
  먼저 섬 일주 코스에 들어서니 유모차가 다닐 만큼, 평평한 산책길로 바뀌었다. 저 멀리에서 뱃고동 소리가 들리고, 점점이 나는 갈매기가 정겹다. 숲에서 붉게 익은 산딸기를 맛보며 넉넉한 마음으로 걸어도 30여 분이면 충분히 한 바퀴 돌 수 있다.

  섬을 돌아 출렁다리를 지나면 넓은 잔디광장이다. 푸른 초원에는 아이들이 공놀이하고, 쌍쌍이 배드민턴을 즐긴다. 잔디밭으로 변한 이곳은 해수 풀장이었다. 전국에서 처음 개장한 바닷물 풀장이라 선풍적인 인기를 끌었다. 수영을 좋아하는 아이들이 졸라서 주말이나 쉬는 날은, 자주 풀장을 찾아 물놀이를 즐겼다.

간혹 어머니와 함께 올 때면 먹을거리를 넉넉히 싸서 가져왔다. 손주들이 물속에서 놀다가 출출하면 할머니가 챙겨주는 간식을 먹었다. 맛있게 먹는 아이들을 바라보며 흐뭇해하시던 어머니 얼굴이 새삼 그립다.

다음날 낡은 앨범을 뒤져보니 그때 사진이 몇 장 나왔다. 어머니를 중심으로 온 가족이 찍은 사진이 있고, 다이빙대에서 뛰어내리려는 내 모습도 보였다. 그리고 물속에서 V자를 그리며 활짝 웃는 아이들 표정이 마냥 즐거워 보인다. 어느덧 이 아이들이 자라 불혹을 넘겼으니 참으로 흐르는 세월은 격세지감이다. 자식들은 빠른 걸음으로 자기만의 세계로 훌훌 떠나고, 남아있는 나는 주름만 늘어가고 있다.

오래전 다녔던 길을 따라 발길을 옮겨본다. 잔디광장 뒤편으로 올라가면 넓은 장미정원이 오는 이를 반긴다. 빨강, 분홍, 노랑 등 활짝 핀 꽃들이 누가 더 예쁜지, 향기로운지 경연을 벌이듯, 뽐내고 있었다. 하늘 높이 뻗은 줄장미는 과연 장관이었다. 특히 황색 장미를 많이 심어 노란 장미 숲을 이루었다.

이 일대는 본래 동물원이었고 그 옆에는 가설무대가 있었다. 이 장소에서 떠돌이 서커스단이 공연할 때는 객석이 미어터졌다. 난쟁이가 우산 위에 공을 굴리고, 원숭이 재롱도 볼만했다. 공중그네에서 묘기를 부리던 어린 소녀의 애절한 몸짓이 잊히지 않는다. 흔들리는 좁은 그네에서 눈물을 머금고 관객을 내려다보는 모습은 너무나 측은해 보였다. 왜, 그 소녀는 동작을 멈추고 슬픈 표정을 지었을까? 지금도 알 수 없는 서커스 소녀의 모습이 떠오른다.

띄엄띄엄 보이는 조각상을 일별하고 노산의 시비를 지나면 꼭대기에 제법 넓은 공터가 나타난다. 정상에 올라서면 마산항 전경이 한눈에 들어오고, 저 멀리 무학산이 운무에 가려 아련하다.

당시 이곳에는 모노레일이 깔려있었고, 문화방송국에서 매년 가을음악회를 개최했다. 교향악단의 감미로운 선율을 따라 가을밤은 무르익어갔다.

이렇게 볼거리가 많았던 돝섬은 언제부터인가 우리 뇌리에서 잊혀갔다. 82년 문을 연 국내 최초 해상 유원지로 연간 백여만 명이 다녀간 관광 명소였다. 그러나 이젠, 옛 영화만 간직한 채 숨죽이고 고요히 엎드려있는 것이다.
잃어버린 것은 돝섬의 명성뿐만 아니다. 〈마산〉이란 이름이 공식적으로 사라졌다. 마산이라는 이름을 잃고 우리가 얻은 것은 무엇인가?
3·15 민주의 성지, 「가고파」 하면 떠오르는 마산항이다. 그리고 많은 예술인이 문화의 꽃을 피웠던 예향 마산이 아닌가…. 돌고 도는 세상이다. 언젠가는 자랑스러운 우리의 이름을 되찾을 날이 꼭 오리라 확신한다.

이탈리아 벨라 섬은 물 위의 정원이다. 벨라 주민들은 꾸준히 희귀식물을 심고 가꾸며, 수백 마리 공작을 길러 세계적인 관광명소가 되었다. 관광객들은 아름다운 정원을 거닐며, 화려한 날개를 펼치는 공작을 바라보며 열광했다.
그동안 당국에서는 돝섬을 재정비하고 시민들이 쉬어갈 수 있는 휴식처로 공을 들였다. 그러나 어쩐지 허전하고 부족한 느낌이 드는 것은, 어쩔 수 없다. 나의 얕은 소견은 돝섬과 인공섬을 함께 묶어 벨라 섬처럼 특색 있는 관광지로 조성하면 어떨까 하는 생각이다.
우리가 아끼는 마산의 돝섬이, 전국에서 다시 찾아오는 명소가 되기를 바라며 떠나는 배에 올랐다.
(2021년 6월)

물 뿌리는 남자

요즈음 하 소장이 이상한 행동을 하고 있다. 재활용 종이상자를 쌓아놓고 물을 잔뜩 뿌려댄다. 하 소장은 우리 집 옆 골목에 사는 이웃이라 가깝게 지내는 사이다. 왜 이런 짓을 하는지 대강 짐작이 가지만, 어느 날 넌지시 물어봤다. 그러자 시커먼 눈썹을 꿈틀거리며,

"내가 공연히 이렇게 하는 것이 아니오. 그 영감탱이를 골탕 먹이려고 일부러 물을 뿌리고 있소."

알고 보니 고물상 주인에게 쌓인 감정이 많았다.

"아, 글쎄 이 영감이 갈 때마다 리어카 무게를 많이 잡고, 값을 박하게 쳐준단 말이오. 그렇지 않아도 고물값이 똥값이라 한 리어카 가득 싣고가도 4,000원 남짓이오. 하도 화가 치밀어 복수하려는 것이오."

고생하며 재활용품을 수집하는 하 소장의 심정은 이해가 간다. 그렇다고 멀쩡한 종이상자를 물에 적시면 부패하여 재활용이 어려워진다. 아무래도 옳지 못한 행동이다.

하 소장 부인은 재작년에 병환으로 세상을 떠났다. 대체로 마누라를 잃고 나면 기가 꺾이는데 이 사람은 더욱 기가 펄펄하니 알다가도 모를 일이다.

그는 체격이 남달리 건장하고 타고난 건강체였다. 우락부락한 성격에 맞게 공사 현장에서 소위 노가다 밥을 먹었다. 그가 하는

일은 철근을 깔아놓고 콘크리트를 타설하는 기초 작업을 주로 했다.
 그는 조장이나 소장을 해본 적이 없다. 건설 작업을 오래 하다 보니 듣기 좋아라고 별명 삼아 소장으로 불러주는 것이다. 이름 또한 할아버지가 〈하한근〉으로 지었는데 '한 근'은 너무 적다 하여 스스로 이름을 〈하만근〉으로 바꿨다.

 본래 노름꾼은 노름꾼끼리, 술꾼은 술꾼끼리 어울린다. 해가 서산에 기울면 술시다. 이웃에 살다 보니 이 시간에 하 소장을 만나면 가까운 옥이 집에서 목을 축이는 날이 많았다.
 하 소장은 대폿집을 들어서며
 "어허! 오늘은 이쁘게 단장했구나. 누가 뭐래도 옥이는 내가 책임진다."
 하며 너스레를 떤다. 듣고 있던 미옥이는 샐쭉하며 눈을 흘긴다. 그렇다고 해서 영 미워하는 눈치는 아니다.
 찌그러진 양재기를 부딪치며 쭈욱- 마시는 막걸리 한잔이면 세상에 부러울 것이 없다. 거기에다 여주인이 쭉쭉 찢어주는 구수한 파전 맛은 먹어보지 않은 사람은 아무도 그 맛을 모를 것이다.
 얼큰하게 취기가 오르면 으레 시작하는 하 소장 레퍼토리가 있다. 몇 번을 들어도 귀에 익은 옛노래처럼 들을 만하다. 그의 말을 어디까지 믿어야 할지 모르지만, 아무튼 전과는 화려하다.
 첫 전과는 공사 현장 함바집 여인에게 홀려 땀 흘려 모은 돈을 모두 날렸다. 마누라가 화를 내자, 아무것도 모르고 야시(여우) 계집년에게 일방적으로 당했다고 우겼다. 그렇지만 내가 볼 때는 구차한 변명에 불과하다.
 두 번째 전과는 술집 여자라도 순하고 예뻤다고 한다. 정이 푹 들었는데 건설회사가 부도가 나는 통에 갑자기 철수하게 되어 본의 아니게 헤어졌다. 하 소장은 지금도 그때를 아쉬워하며 입맛을 쩝쩝 다신다.

　세 번째 전과는 정말 큰일 날뻔했다. 남편이 버젓이 있는 가정집 유부녀인 줄 모르고 건드렸다가 크게 낭패를 당할 지경에 몰렸다. 그런데 그의 말이 웃긴다. '나는 남편이 있는 몸이요.' 하고 써 붙이고 다니는 것도 아니고, 안할말로 '골키퍼가 있다고 공이 안 들어가나요?'

　넉살도 정도껏 해야지, 어이가 없고 기가 차서 말이 나오지 않는다.

　나도 이와 비슷한 묘한 일을 겪은 적이 있다. 창동 뒷골목 청보리 주점은 안주가 푸짐해 자주 들락거렸다. 하루는 멕시칸 치킨, 신 사장과 어울려 청보리에서 취하도록 마셨는데 섬뜩한 말을 하는 것이 아닌가.

　"청보리 마담을 조심하시오. 서 사장에게 시종일관 쏘아대는 야릇한 눈총이 아무래도 무슨 일을 낼 것 같소. 저 여인이 언제 둔갑하여 서 사장 간을 빼먹을지 모를 간악한 여우란 말이오."

　듣고 보니 요상한 낌새가 없지 않았다.

　그 후부터는 정신을 바짝 차리고 일절 청보리 주점에 들르지 않았다. 아니나 다를까? 청보리 마담의 서방이 두 눈을 시퍼렇게 뜨고 살아있었다. 정말 정글 같은 무서운 세상이다. 자칫 그녀의 유혹에 넘어갔더라면 크게 패가망신할뻔한 아찔한 순간이었다.

　손님이 뜸 하자 대폿집 여주인 옥이가 안주 접시를 들고 와 빈자리에 앉았다. 쉰이 넘어도 아직은 곱다.

　"옥이는 나만 믿어라. 다 떨어진 잠방이를 팔아서라도 꼭 호강시켜 줄게."

　"자기 코가 석 자인데 내 걱정하고 있소?"

　하고 핀잔을 주면서도 넘치게 술을 따라준다. 헛말이라도 타박하지 않고 웃으며 받아넘겼다.
 하 소장은 실없이 웃다가, 이번에는 정색하고 심각하게 말을 이어갔다. 그가 통영 아파트 공사장에서 일할 때였다. 우연히 이혼한 독신녀에게 빠져 살림을 차렸다. 그의 타고난 바람기가 또다시 발동한 것이다.

"여편네가 어떻게 알았는지 처남들을 대동하고 들이닥쳐 살림살이는 박살이 나고 말았소. 잔뜩 화가 난 마누라에게 끌려 와 슬슬 기었지요. 죽을죄를 지은 죄인이 입이 열 개라도 무슨 할 말이 있겠소. 유구무언이지. 허허"
 그는 며칠 동안 쥐 죽은 듯 엎드려 자신이 저지른 지난날을 되돌아보며 딴에는 대오각성했다. 생전 처음 마누라 앞에 꿇어앉아 다시는 속 썩이지 않겠다고 싹싹 빌었다. 그날부터 하 소장은 다시 태어난 사람처럼 가정에 충실한 남편이 되었다.
 그해 가을에는 마누라를 위해 집 내부를 대대적으로 고쳤다.
 "뒤늦게 철이 난거지요. 이제 마음 편히 살만하니까 훌쩍 가고 말았습니다. 지지리 복도 없는 사람이지요."
 말하며 고개를 푹 숙인다.
 못다 한 아쉬움에 어찌 회한이 없겠는가. 겉으로 보기에는 우락부락하고 놀부 심보를 부리지만 속은 따뜻한 남자였다. 그 후 하 소장은 재활용품 수집은 그만두고 시에서 운영하는 노인 일자리 사업에 나가게 되었다. 가을에는 10급 공무원, 산림감시원이 될 것이라고 큰소리치며, 무게를 잡는다.
 오늘도 하 소장은 변함없이 옥이 집에서 출출한 배를 채우고 되지도 않는 흰소리를 해대는 눈치다. 그의 유일한 낙은 대포 한 잔에 얼큰히 취해 웃고 떠들며 시름을 잊는 일일 것이다.
 (2022년 3월)

마음이 가는 길

 기다리다가 하품이 날 즈음 불이 꺼지고 영화가 시작되었다.
 소극장이라 화면은 작았으나 화질이나 음질은 그런대로 좋았다. 격주 수요일마다 영화를 상영하는 이곳은 원래 성호동 주민센터였다.
 행정동을 통합하게 되면서 낡은 건물을 새롭게 단장하여 생활문화센터로 개관했다. 이곳은 수요마을극장뿐만 아니라 요일별로 주민들을 위한 다양한 프로그램을 진행하고 있었다.
 이번 주는 1949년에 만들어진 고전 명화 「마음의 행로」를 상영했다.
 1918년 1차 세계대전이 종전되는 날이었다. 찰스(로널드 클랜 분)는 자욱한 안개 속에 무작정 포로수용소를 빠져나온다. 그 시각, 극장에서 노래를 부르는 가수 폴라(그리어 가슨 분)는 담배 가게에서 우두커니 서 있는 찰스를 발견했다. 이상하게 여긴 폴라는 낯선 남자에게 다가가 물었으나 자신이 누구인지, 부모나 고향을 전혀 몰랐다.
 이 남자는 전쟁 중 적의 포화에 머리를 다쳐 기억 상실증에 걸린 것이다. 폴라는 과거를 잊은 이 남자를 정성껏 보살피던 중, 잘생긴 찰스와 사랑하는 사이가 되었다.
 오래된 작품이라 화면에는 가끔 빗줄기처럼 줄이 죽죽 그어진다. 이 정도쯤이야 옛 영화를 보는 맛이 아닌가, 나는 어느덧 푹

신한 의자에 파묻혀 영화 속으로 빨려 들어갔다.

　기억은 상실했으나 3년여 동안 작가로 활동하던 찰스는 교통사고로 정신을 잃고 말았다. 한참 후 깨어보니 과거의 기억이 생생하게 되돌아왔다. 공교롭게도 이번에는 폴라를 몰라보게 되었다. 기억의 한 부분은 열렸지만, 한 부분은 닫혀버린 것이다. 참으로 알다가도 모를 마음의 행로였다.
　알고 보니 찰스는 계급이 대령이었으며 명문가 후계자였다. 찰스와 폴라 두 연인은 우여곡절을 겪으면서도 잃어버린 기억을 찾으려고 끊임없이 노력한다.
　그러던 중 결정적인 사건이 일어난다. 폴라가 이끄는 데로 숲속의 집에 도착했으나 찰스는 이곳이 어딘지 낯설기만 하다. 하지만 자신도 모르게 열쇠를 꺼내어 문을 연 순간 "찰칵"하며 문이 열렸다.

그와 동시에 닫혀있던 기억의 문 또한 활짝 열렸다. 그제야 찰스는 열렬히 사랑하는 폴라를 알아보고 뜨겁게 포옹했다.

오래전 나는 원주에서 군 복무를 하고 있었다. 모처럼 외출을 나온 우리는 마땅히 갈 곳이 없었다. 어느 날 태장동 쌍다리 아래에서 아이스하키 경기가 열렸다. 꽁꽁 얼어붙은 원주천에서 양 팀은 한 치의 양보 없이 맞붙었다.
"청취자 여러분 안녕하십니까? 잠시 후 이곳 원주에서 영원한 라이벌, 고려대와 연세대 아이스하키 경기를 중계방송해 드리겠습니다. 오늘은 영하 25도를 오르내리는 쌀쌀한 날씨에도 많은 관중이 운집하여 성황을 이루고 있습니다"
하고 현장에는 이광재 아나운서가 라디오 중계를 하고 있었다. 우리는 그 뒤편에서 서서 오들오들 떨며 연고전을 관람했다.
경기가 끝나고 군인극장에 들어갔다. 원주에만 있는 군인극장은 사병은 50% 할인되었다. 극장 안에는 우리처럼 외출 나온 병사들로 북적거렸다. 이때 본 영화가 〈마음의 행로〉였다.
폴라 역을 열연한 그리어 가슨은 세기의 미인으로 팬들의 사랑을 받았던 월드 스타였다. 당시 우리나라 최고 여배우는 단연 최은희, 김지미였다. 뒤이어 엄앵란, 문희, 등 신인들이 혜성처럼 나타나 인기를 끌었다.
극장을 나온 우리는 뒷골목 대폿집에서 막걸리 한잔으로 목을 축였다. 안주는 콩비지에 라면 사리를 넣은 찌개였지만 양은 푸짐했다. 갓 입대한 초년병 때는 아무리 먹어도 돌아서면 배가 고팠다. 비록 하찮은 음식이었지만 든든하게 배를 채울 수 있었다.

영화를 보는 내내 기억을 잃고 오락가락할 때마다, 안타까워하면서 마음이 가는 길을 두 시간여 동안 따라다녔다.
숨을 죽이고 결과를 지켜보고 있던 관객들은 두 남녀가 뜨겁게 포옹하는 순간, 손뼉을 치며 환호했다. 사랑은 기적을 낳고, 사랑의 힘은 세상 무엇보다 위대하다는 것을 증명하는 장면이었다. 미로를 더듬어 과거를 찾아가는 마음의 행로는 제목부터 멋지고 재미있는 영화였다.

　명연기를 펼친 가슨은 영화 속이기에 가능했던 지고지순한 여성이었다. 오직 한 남자를 위한 헌신적인 사랑으로 이 영화는 해피앤딩으로 대미를 장식하며 끝났다. 머빈 르로이 감독의 걸작이 아닐 수 없다.

　다음에는 어떤 영화를 상영할 것인지 기대하는 마음으로 성호수요마을극장을 나왔다.

우이독경 牛耳讀經

　스마트폰의 출현으로 일상생활에서 많은 변화를 체험하고 있다.
　디지털에 익숙한 젊은이들은 열광하며 새로 나온 스마트폰에 푹 빠져있다. 그러나 아날로그 세대는 바로 적응하지 못해 처음에는 쩔쩔매기도 했다. 기존 폴더폰과 달리 터치하는 방법이나 앱을 설치하는 요령이 서툴렀기 때문이다.
　그렇지만 편리하기 이를 데 없다. 컴퓨터 기능에 추가로 온갖 능력을 겸비한 스마트폰은 모든 연령대에서 필수품이 되었다.
　그런데 이처럼 유용한 문명의 이기를 악용하여 피해가 속출하고 있다. 대표적인 예로 전화금융 사기가 활개를 치고, 성매매, 보험권유 등 시도 때도 없이 벨이 울렸다. 이로 인해 큰돈을 사기당하는 사람이 늘어나고 있다.
　가장 많이 걸려 오는 전화는 보험 권유이다. 언제부터인가 나는 02, 070, 080 등 앞자리 번호는 아예 받지 않고 끊어버렸다. 그랬더니 지역 번호를 교묘하게 바꿔 전화 공세를 펼치는 것이다.
　어느 날은 055를 분명히 확인하고 전화를 받았는데 놀랍게도 지역 번호를 위장한 A 보험이었다. 기름을 바른 듯 매끄러운 설명이 장황하게 이어졌다. 잠시 듣다가 보험에 가입할 의사가 있는척하며, 팀장과 통화를 원했더니 바로 연결해 주었다.
　"팀장님, 그곳은 어디인가요?"

"예, 여기는 서울입니다."

"그렇다면 경남지역 번호가 055가 아닌 02가 맞지 않나요?"

그러자 우물쭈물하며 "저희의 고충을 이해하시기 바랍니다." 변명하며 어물쩍 피해 가는 것이다.

순간 나는 화가 나서 말했다.

"내게 대한 정보는 A 보험사에 모두 있습니다. 새 상품을 소개하려면 정직하게 해야지요."라고 나무라자

"고객이 전화를 받지 않아 불가피했습니다. 타 보험에서도 관행으로 이렇게 하고 있습니다."

틀린 말은 아니다. L 보험, H 보험에서도 이처럼, 걸려 오는 전화를 받은 적이 있다.

자신들의 이익을 위해 얄팍한 상술로 소비자를 속이는 행위는 마땅히 근절되어야 한다. 그리고 그 상품은 신뢰가 가지 않는다.

내친김에 평소 궁금했던 사안을 물었다.

"오래전 암보험을 계약했는데 전립선암과 대장암은 유 병력이라 보장을 받지 못하고 있습니다."

"보장 부분은 제 소관이 아니오니 담당자를 연결해 드리겠습니다."

다음날 A 보험 기획실 모 부장으로부터 연락이 왔다.

"고객님의 고충을 접수했으며 불편하게 하여 대단히 송구합니다."

"부장님! 기존가입자에게도 새로 바뀐 규정을 적용해 주십시오"

나는 인사치레를 넘기고 바로 요구했다.

"그 사항은 임원의 의결 후 고객님께 통보해 드리겠습니다"

역시 막연한 답변으로 일관하며 핵심을 비껴갔다.

보험은 무형의 상품을 팔아 이익을 창출하는 사업이다. 눈에 보이는 현물이 없다 보니 더욱 정직하고 신뢰받을 수 있는 경영이

요구되는 것이다. 나는 기획실 부장에게 조목조목 사례를 들어 강력하게 주장했다. 그러나 어물쩍 구렁이 담 넘어가듯 핵심 조항을 피해 갔다.

  A 보험사는 영국에 본사를 두고 있는 굴지의 다국적기업이다. 대형 보험사답게 정직하게 A 보험사라고 밝히고 새로 나온 상품을 소개할 수는 없을까? 아니면 고객이 반갑게 전화를 받을 수 있도록 유익한 정보나, 하다못해 건강 상식이라도 제공하면 좋지 않을까, 더 나아가 불우한 고객에게 성금을 전달하고 자녀에게 장학금을 전달하는 방안 등 여러 가지 방안이 있을 수 있다.
  아무리 성급해도 과일은 익혀서 따먹는 법이다. 장기 가입자를 우대하여 회사의 이미지를 쇄신해야 한다. 이들이야말로 회사의 소중한 자산이며 홍보 요원이 될 수 있다.
  나는 20여 년간 가족과 함께 A 보험에 들어있다. 그런데 현 실정은 어떤가? 장기 고객을 마치 미끼를 던져 잡아놓은 물고기처럼 취급하고 있다. 그리고 잡은 고기는 먹이를 주지 않는 격이다.
  내가 이렇게 열변을 토해도 "고객의 고견에 감사드립니다." 변함없이 의례적인 말만 할 뿐 시원한 해답을 들을 수 없었다. 소유주의 경영방침이 바뀌지 않는 한, 허공의 메아리에 불과할 것이다. 소귀에 경 읽기이지만, 하도 답답해서 따끔하게 일침을 놓았다.

  우리 사회는 곳곳에 위험이 도사리고 있으며 언제 무슨 일이 발생할지 한 치 앞을 알 수 없다. 살얼음판을 걷듯, 불시에 다쳐올 재난을 미리 대비하지 않을 수 없는 현실이다. 각종 보험상품을 취급하는 보험사는 이러한 보장을 미끼로 금전을 챙겨 부를 쌓아 올린다.
  매번 저들에게 당하면서도 건강보험을 비롯해 화재보험, 자동

차보험 등 꼭 필요한 보험은 가입하고 있다. 뻔히 저들에게 이용당하는 줄 알지만, 가입하지 않으면 불안하다. 그래서 보험은 필요악이다.

  A 보험사를 비롯한 모든 보험사는 고객을 먼저 생각하는 진정한 기업이 되기를 바랄 뿐이다.

적벽동천 赤壁洞天

　이른 아침부터 서둘러 광주로 향했다. 고속버스 차창으로 스쳐 가는 산들은 울긋불긋 완연한 가을이다. 오늘은 벼르고 벼루던 화순 관광을 하는 날이다.
　화순적벽이 있는 곳은, 상수도원이라 하루에 단 2회만 운행한다. 워낙 제한된 인원만 갈 수 있으니 예약은 하늘의 별 따기보다 어려웠다. 우리 일행은 몇 번 시도 끝에 운 좋게 당첨의 영광을 안았다.
　수몰민을 위해 지었다는 망향정에서 바라본 노루목적벽은 장엄했다. 곱게 든 단풍, 깎아지른 붉은 절벽, 그 아래 푸른 물결은 가히 진경이었다. 오죽하면 이곳을 신선이 사는 마을이라는 뜻으로 적벽동천이라고 불렀겠는가. 우리는 대자연의 경이로움에 놀라지 않을 수 없었다. 이민서 광주목사가 동복(화순)에 왔다가 절경에 취해 시 한 수를 남겼다.

　　물이 줄어 산 높아진 절벽 가을이여/ 동복천 어이하여 옛날 황주를 담아 절경인가?/
　　시인은 강을 가로지르는 학을 쫓아서/ 임고정 시월 배로 날아 건너지 못하네./

　망미정(望美亭)에서 바라보는 노루목적벽은 보는 사람마다 탄성을 지른다. 망미정은 병자호란 때 활동한 의병장 정지문이 세웠다. 인조가 무릎을 꿇었다는 비보를 접하자 이곳에서 은둔생활을 하며 생을 마감했다고 한다. 최근에는 상수원공사로 수몰이 예상되자 위쪽을 옮겼는데 그때 김대중 전 대통령 글씨로 「망미정」 현판을 다시 걸었다.

적벽은 워낙 명승지라 많은 시인 묵객이 즐겨 찾았다. 정조 1년, 화순 현감이었던 부친을 따라 화순에 왔던 다산 정약용 선생도 시 한 수를 남겼다. 그의 나이 불과 17세 때였다.

해맑은 가을 모래는 오솔길에 뻗었는데/ 동문의 푸른 산은 구름이 피어날 듯/
새벽녘 시냇물엔 연지 빛이 잠기었고/ 깨끗한 돌 벼랑은 비단 무늬 흔들린다./
붉은 돌은 노을 기운 어리어있고/ 푸른 숲에는 새들이 날아가네/
– 「적벽강을 거닐며」

화순적벽은 원래 동복석벽이라고 불렀다고 한다. 그러다 신선이 사는 곳이라 하여 적벽동천이라고도 불리었다. 신제 최신두는 기묘사화 후 유배 중 이 곳을 둘러봤다. 그는 칼로 잘라놓은 듯한 절묘한 절벽을 보고 마치 소동파가 읊은 적벽부에 버금간다고 하여 적벽이라 불렀다. 중국 양쯔강 하류에 있는 적벽과 비교하면 규모가 작기는 하지만, 비경은 가히 견줄만하다.

흰 이슬은 강에 비끼고, 물빛은 하늘에 이었더라./ 한 잎의 갈대 같은 배가 가는 데로 맡겨/
일만 이랑의 아득한 물결 헤치니/ 넓고도 넓게 바람을 타고 그칠 대를 알 수 없고/
가붓가붓 나부껴 인간 세상을 버리고 홀로 서서/ 날개가 돋아 신선이 되어 오르는 것 같더라

하루살이 목숨을 하늘과 땅에 맡기니/ 아득히 푸른 바다에 뜬 좁쌀 같구나/
　　나의 생이 순간임을 슬퍼하고/ 장강 적벽의 무궁함을 부러워하노라./
　　하늘의 신선을 만나 즐겁게 노닐고/ 밝은 달 안고서 오래 살다 가고 싶지만 /
　　그럴 수 없음을 잘 알고 있으니/ 아쉬운 마음은 슬픈 바람에 실어 보내리/

　유명한 소동파의「적벽부를」간추려 옮겨봤다. 우리에게는 삼국지에 나오는 적벽대전으로 잘 알려져 있다.
　장강의 적벽은 후한 말기(208년) 조조가 유비, 손권의 연합군과 대접전을 벌였던 격전지였다. 제갈량의 신술(神術)과 주유의 지략으로 조조의 백만대군은 대패하고 말았다. 적벽대전 이후 조조의 위, 유비의 촉, 손권의 오나라로 삼국시대가 열리게 된 것이다. 이와 관련한 이백의「적벽대전」시가 있다.

　　두 용이 싸움에서 자웅을 겨루는데/ 적벽루 배가 하늘과 땅을 쓸었네/
　　맹렬한 불길, 하늘로 뻗어 구름바다 비치고/ 주유는 이곳에서 조조를 격퇴했네./

　물염정에서 바라보는 적벽은 병풍처럼 둘러쳐져 있고, 울창한 숲은 장관이다. 이곳은 구례군수를 역임한 물염 송정순(勿染 宋挺筍)이 세웠다. 물염은 세속에 물들지 않겠다는 뜻이며, 호남에서 가장 아름다운 정사로 꼽힌다. 물염정에 걸려있는 많은 글 중에 농암(農巖) 김창협의 한시가 눈길을 사로잡는다.

　　이어진 봉우리는 푸른 하늘로 치솟고,/ 그 아래 쪽빛 물결이 한줄기로 돌아오네./
　　깎아지른 험한 바위 귀신을 닮은듯하고,/ 맺혀 서린 산안개 구름 연기와 흡사하구나./
　　소나무 전나무들 물속에 다 비치고/ 해와 달은 그야말로 돌 위에 매달린

듯/
　높은 비탈 저위에 둥지 튼 학 있다 하니/ 깊은 밤 잠자리에 깃옷 신선 꿈꾸리./

　김창협은 청풍부사, 대사간을 지냈으나 벼슬에는 뜻이 없었고 오직 학문에만 전념했다. 특히 시, 서화에 뛰어났으며 타고난 명필이었다. 그는 청렴하게 살다 보니 항상 형편이 어려웠다. 보다 못한 친구들이 그림을 주문하고 그림값으로 돈을 후하게 두고 갔다는 일화도 있다.
　지극히 아끼던 신하의 궁색한 사정을 알게 된 숙종 대왕은 김창협에게 금강산 정경을 그려오라고 명했다. 그림 속에는 높이 솟은 기암괴석 아래, 옥류가 굽이굽이 흐르고 있었다. 임금은 그의 빼어난 재주를 칭찬하며 겸사겸사 후한 상을 내렸다.

　물염정 아래에는 김삿갓 시비가 동상과 함께 세워져 있다. 방랑 시인 김삿갓이 동복에 머무는 동안 물염정에 올라 시상을 가다듬었다고 한다. 시성(詩聖) 김삿갓은 이곳에서 동복 팔경을 읊었다.

赤壁落花	적벽 낙화	적벽 위에서 떨어지는 불꽃.
寒山暮鍾	한산 모종	한산사의 저녁 종소리.
仙臺觀射	선대 관사	선대에서 보는 활쏘기.
浮岩觀魚	부암 관어	부암에서 바라보는 물고기 떼.
姑蘇淸風	고소 청풍	고소 대의 맑은 바람.
金沙落雁	금사 낙안	금모래 위에 내리는 기러기 떼.
鶴灘歸帆	학탄 귀범	학여울로 들어오는 돛단배.
雪堂明月	설당 명월	눈 덮인 집에서 보는 밝은 달.

　김삿갓은 화순에서 10여 년간 은거하다가 향년 57세에 세상을 등졌다. 그가 즐겨 산책하던 화순 둔동마을 숲 정이 오솔길을 걸으며 읊조린 「되는 데로」 시 한 편은 그의 일생을 잘 표현하고 있다.

이대로 저대로 되어가는 데로/ 바람 부는 대로 물결치는 데로/
밥이면 밥, 죽이면 죽, 이대로 살아가리/ 옳다면 옳거니, 그러면 그러려니, 그렇게 아세/
손님 접대는 집안 형편 대로하고,/ 장터에서 사고팔기는 시세대로 하세/
세상만사가 내 마음대로 되지 않으니/ 그렇고 그런 세상 그런대로 한세상 살아가세/

김삿갓이 세상을 떠날 무렵에는 떨어지는 꽃잎을 우두커니 바라볼 뿐이었다. 어찌 회한이 없겠는가, 평생 흐릿한 달빛처럼 살아온 지난날을 되돌아보며 탄식해 마지않았다. 뜻대로 되지 않는 세상을 살면서 자포자기, 모든 것을 내려놓은 글이다.

수없이 많은 명사가 이곳을 다녀갔지만, 그 속에 노산 이은상 선생이 쓴 「돌아가는 길」 시조를 남겼다.

신 태극, 수 태극 밀고 당기며/ 유리궁, 수정궁 눈이 부신데/
오색이 떠오르는 맑은 강물에/ 옷 빠는 저 새아씨 선녀 아닌가……/

어느새 짧은 가을 해가 서산에 기울었다. 저녁노을이 붉게 비치는 수직암벽 위용이 나그네 발길을 붙들고 놓지 않는다. 한낱 속인이 선계에 들어와 수려한 풍광에, 옛시인의 향취에 흠뻑 취했던 하루였다.

도라지 사랑

 정임이는 며칠 전부터 추석 대목장을 보러 갈 준비에 몸도 마음도 바쁘다. 오늘뿐만 아니라 평소에도 농촌 아낙의 손, 발은 쉴 새 없이 움직여야 했다.
 먼저 떡고물 거리 팥, 두부콩은 흠 있는 낱알을 골라내고 자루에 담았다. 애호박을 따고 보리 파를 손질해 가지런히 묶었다. 미리 캐놓은 당근은 붉은빛이 감도는 통통한 놈을 골랐다. 당근은 색깔이 고와 산적을 만들 때는 꼭 들어간다. 이제 도라지를 캐야 한다. 기관지 질환에 약재로 쓰이기도 하지만, 도라지는 고사리와 더불어 제사상에 꼭 오르는 나물이다. 그 외 쓰임새도 많다. 장아찌, 초무침, 강정, 닭백숙에도 넣어 먹었다.

 도라지는 몇 년 전 4H 영농지도사가 재배법을 상세히 알려주고 직접 토질까지 분석해 적합한 땅을 선택했다. 그뿐만 아니라 씨앗까지 지원받아 100여 평 밭에 심었다. 어느 정도 싹이 올라오면 밀식된 약한 싹은 솎아주고 냉해를 입지 않게 멀칭을 해야 한다. 도라지는 다른 작물과 달리 화학 비료를 살포하면 뿌리가 썩기 때문에, 퇴비를 듬뿍 주고 키웠다. 타 작물과 비교하면 손이 많이 가고 공을 들여야 자라는 까다로운 품종이다.
 정임이는 깊이 박힌 도라지 뿌리를 괭이로 캐 보지만 쉽게 뽑히지 않는다. 하기야, 농촌에서 어느 한 가지 수월한 일은 없다. 요즈음 젊은 여성들은 시골 총각에게 시집가기를 꺼린다. 고운 피부가 검게 그을리고 농사일이 힘들기 때문이다. 사회가 발전할수록 시골 총각은 장가들기 어려워지고 있다.

도라지 농사는 힘들어도 꽃 보는 재미가 쏠쏠하다. 초여름, 꽃대가 올라와 하얀 꽃, 보랏빛 꽃이 무리 지어 꽃 세상을 이룬다. 이른 아침마다 수줍은 소녀처럼 꽃봉오리가 열리는 청순한 꽃이다.

정임은 상큼한 향기를 풍기는 도라지를 자루에 담으며 잠시 생각에 잠겼다.

사춘기가 다가오자, 눈에 띄게 가슴이 도드라져 부끄러워 숨기려고 애썼다. 언제부터인가 예쁘게 하고 싶고 이성에 대한 막연한 호기심이 생기기 시작했다.

잘생긴 이웃 오빠들, 또래 머슴애들이 말만 걸어도 가슴이 두근거렸다. 우리끼리 모이면 남자들 이야기를 내밀하게 속닥거리며 얼굴을 붉히기도 했었다.

4H 교육 중 인원이 적어 옆 마을과 한 조가 되었다. 그런데 놀라운 일이 벌어졌다. 같은 조가 된 석효가 그녀를 향해 적극적으로 다가오는 것이 아닌가? 자신을 바라보는 강렬한 눈빛에 정임이는 정신이 아득하고 눈 속으로 빨려드는 듯했다. 그녀가 꿈꾸는 첫사랑은 이렇게 예고 없이 나타나 두렵기도 했지만, 자신도 모르게 끌리는 마음은 어쩔 수 없었다.

둘은 누렇게 익어가는 보리밭을 지나 산들바람이 불어오는 버드나무 숲에 나란히 앉았다. 그때는 매일 만나도 헤어지면 금세 또 보고 싶어 애를 태웠다. 온종일 그의 생각에 마음은 들떠있었다.

석효가 다정하게 "도라지 꽃말은 영원한 사랑, 변치 않는 사랑이래." 말하며 내 손을 살며시 잡았다. 귀하고 소중한 만남, 진실로 사랑한다면 도라지 꽃말처럼 영원히 변치 말자고 우리는 굳게 굳게 언약했다.

그러나 우리가 맺어지기까지는 혹독한 시련을 겪으며 다가올 봄을 기다려야 했다. 석효가 군 복무하는 동안은 금방이라도 전쟁이 발발할 것처럼 북한의 도발이 극심했다. 정임은 불안한 중에도 예기치 못한 일에 시달렸다. 혼기가 되자 여기저기서 중매가 들어왔다. 어머니는 좋은 혼처가 나왔을 때 시집가기를 은근히 바라는 눈치였다. 그럴수록 그녀 마음은 초조하고, 시커멓게 타들어 갔다.

그 와중에 읍내 종묘사 아들에게 많이 시달렸다. 만나자고 찾아오고, 그녀가 응하지 않으면 친구 진희를 통해 만나게 해달라고 괴롭혔다. 그럴수록 석효가 무사히 제대하고 돌아오기만을 손꼽아 기다렸다.

추석이라 제사상을 보기 위해 남지장으로 가던 날 아침, 석효는 박진 나루에 정박해 있는 배에 짐을 올려놓고 신신당부했다.

"오늘은 대목장이라 사람이 많아 복잡할 거요. 조심해서 다녀와요."
"장에 가는 일이 처음인가요? 너무 염려하지 마세요."
"효정이는 내가 데리고 일하러 갈 거요."
"효정아! 엄마 장에 갔다 올게. 아빠와 잘 놀고 있어, 알았지?"
"응. 엄마 빠이빠이" 하며 고사리 같은 손을 흔들었다.

정임이도 덩달아 손을 흔들며 멀어져가는 두 사람의 모습을 눈에 넣을 듯 한없이 바라보았다.

벌써 수십 명이 대목장을 보기 위해 배에 오르고 있다. 정임이는 가장 안전한 기관실 옆에 자리를 잡았다. 며칠 동안 하늘에 구멍이 뚫린 것처럼, 쏟아지던 빗줄기는 이제 겨우 그쳤다. 오늘은 시뻘건 흙탕물이 모래밭을 뒤덮고 사납게 뱃전을 부딪치며 흘러

갔다. 그렇지만 이 배는 연약한 일엽편주가 아니다. 큰 돛 두 개가 바람을 안고 달리던 고배를 동력선으로 개조하여 아무리 험한 뱃길에도 거뜬히 물살을 가르며 힘차게 달렸다.

잠시 후, 배는 강 건너 의령 성산 나루에 닿았다. 이곳에서 수십 명을 태운 뒤, 거칠게 굽이치는 급류를 헤치고 무사히 남지 나루의 선착장에 도착했다. 5일마다 서는 남지장은 인근에서 가장 규모가 크다. 더구나 오늘은 한가위 대목장이라 많은 사람이 북적거리고, 읍내 전체가 장마당으로 변했다.

정임은 남지지서 뒷골목에 빈터를 차지하고 가져온 물건을 보기 좋게 진열했다. 역시 도라지가 잘 팔린다. 듬뿍듬뿍 얹어서 손님이 요구하는 대로 팔다 보니 남들보다 일찍 떨이할 수 있었다.

포장을 친 국밥집에서 늦은 요기를 하고, 장터 구경에 나섰다. 먼저 옷 전에서 효정이 추석에 입힐 옷부터 한 벌 골랐다. 알록달록 고운 운동화도 한 켤레 샀다. 좋아라. 활짝 웃는 아이 모습을 상상하며 저절로 미소가 번졌다.

눈 딱 감고 돼지고기도 한 근 끊었다. 남편은 유달리 육류를 잘 먹었다. 매콤하게 두루치기를 해주면 애 아빠가 술안주로 제일 좋아했다.

그릇 가게를 지나다가 아담한 냄비를 발견하고 발길이 떨어지지 않았다. 살림하는 주부들은 예쁜 그릇이나 살림 도구 모으는 것이 유일한 낙이다. 살까 말까 망설이다가 결국, 지갑을 열지 않았다. 알뜰히 돈을 모아 우리 손으로 넓디넓은 과수원을 가꾸는 희망을 품고 있다. 그리고 따뜻한 양지에 우리의 보금자리를 꾸미는 그날까지 허리끈을 졸라매야 했다.

오후 5시까지 승선하라는 선주의 지시에 따라 서둘러 배에 올랐다.

올 때보다 타는 사람이 늘었고 추석에 쓸 보따리가 높이 쌓여있다. 강물은 아침나절보다 더 험상궂게 요동친다. 홍수로 안동 물이 내려오는가? 옛날부터 경험이 많은 노인들은 안동 물이 밀려오면 큰물이 든다고 걱정했다.

통, 통, 통, 발동선이 천천히 거친 물살을 거슬러 나아가기 시작했다. 철교가 보이는 백여 미터 앞까지 왔을 때였다. 갑자기 배가 앞으로 나아가지 못하고 어딘가에 얹힌 것 같다. '고장이 난 것일까?' 정임이는 덜컥 겁이 났다.

선장은 급히 스크루에 얽힌 장애물을 제거하고 배는 다시 움직이기 시작했다. 바로 앞에 철교 교각이 보인다. 뱃머리가 교각을 피해 뒤뚱거리며 아슬아슬하게 지나갔다. 그러나 선미 쪽은 거친 물살에 휘청거리며 쿵! 하며 교각에 부딪히고 말았다. 그러자 배는 자신의 육중한 무게를 이기지 못하고 거센 물결에 휩쓸리며 뒤집히고 말았다. 순식간에 일어난 일이었다. 배에 타고 있던 사람들이 살려달라고 비명을 지르며 강물 속으로 떠내려갔다.

아……. 슬프고 애달프다. 어찌 이런 일이 일어날 수 있는가?
정임이는 아이의 추석빔을 가슴에 꼬옥 안은 채 물속에 휩쓸리고 말았다. 참으로 가혹한 운명이었다. 인간은 예고 없이 닥친 불행 앞에 한없이 무력하다. 자신의 능력으로는 벗어 날수도, 피할 수도 없다. 죽고 사는 것은 오직 신의 영역일 뿐이다.

1931년 준공되어 아름다운 다리로 사랑을 받던 남지철교는 일순간 비극의 현장이 되고 말았다. 그동안 크고 작은 사고는 빈번했지만 이렇게 수많은 인명이 한꺼번에 희생된 큰 참사는 처음이었다. 당시 비교적 사건을 소상히 취재하여 보도한 경향신문 기사를 발췌한 내용이다.

- 속보 경남 창녕 나룻배 사고 (9월 18일)
1969년 9월 17일(음력 8월 6일) 오후 5시경 낙동강 거센 탁류는 추석 장을 보고 집으로 돌아가던 장꾼들을 똬리 치며 무참히 삼켜버렸다.

7.5마력, 8톤급 나룻배가 남지읍 도선 장을 떠난 지 겨우 10여 분 뒤였다. 배에 탔던 누군가가 "조심해라 다리에 배가 부딪친다.!" 외치는 순간 "쿵"하고 둔탁하게 부딪치며 나룻배는 두 동강이 나고 말았다. 배에 탔던 승객들은 물속에서 살려달라고 아우성치며 삽시간에 아비규환의 현장이 되고 말았다.
　　사고 직후, 그나마 다행히 20여 명은 탁류 속에서 헤엄쳐 살아나왔고 또 다른 20여 명은 지나가던 어선에 의해 구조되었다.
　　사고 신고를 접수한 창녕경찰서에서는 급히 관내 경찰, 향토예비군, 의용소방대를 동원하여 현지에 급파했다. 위급한 사태로 판단한 낭국은 해군에게도 구조요청을 하여 대대적인 수색이 이루어졌다. 그러나 생존자를 한 명도 발견하지 못하고 시신 5구만 인양했을 뿐이었다. 승선자들은 홍수로 불어난 흙탕물이 워낙 유속이 빨라 대부분 멀리 떠내려갔을 것으로 추정했다.
　　남지읍 나룻배 사건 대책 본부에서 공식적으로 발표한 집계에 의하면 승선 인원 116명, 구조 40명, 사망 5명, 실종 71명이었다. 그러나 신고한 인원은 공식 발표보다 훨씬 많아 유가족들이 항의하는 등 논란은 끝이지 않았다.

　　- 사고원인 및 증언(9월 19일 속보 2)
　　본보 기자의 취재에 의하면 목선 선체의 승선 능력은 최대 60여 명인데 사고 당일에는 정원의 배가 넘는 120여 명이 승선한 것으로 밝혀졌다. 사고원인은 이렇게 많은 인원을 태우고 홍수로 불어난 뱃길을 무리하게 운항한 무모한 결과였다. 이번 나룻배 전복 참사는 이미 예고된 사고였다.
　　사고가 일어난 그 시각. 마침 철교 위에서 현장을 목격한 김병출(남지읍 남포동 거주)씨는 "많은 사람을 태운 배가 무게를 이기지 못하고 휘청거리더니 "쿵!"하고 후미가 교각에, 부딪치고 말았습니다. 그 순간 배가 뒤집히자 많은 사람이 흙탕불에 휩쓸리며 실려달라는 비명이 들렸습니다." 말하며 당시의 긴박했던 상황을 자세히 설명했다.
　　그 와중에도 운 좋게 생존한 이기여(부산시 동구 초량동 거주) 여인은 남지읍 창아지에 있는 시가에 가려고 이 배를 탔다고 한다. 이 여인은 배가 기우뚱하자, 엉겁결에 강물 속으로 뛰어들었다. 다행히 눈앞에 보이는 건빵 궤짝을 붙잡았다. 여인은 숨을 쉬기 위해 궤짝 위로 턱을 받치고 떠내려가면서 차츰차츰 강변 가장자리로 밀려 나왔다. 그때 강변에서 구경하고 있던 남자가 새끼줄을 던져 간신히 뭍으로 나올 수 있었다. "나는 하늘이 도와 살아났어요." 말하면서도 긴박했던 순간을 떠올리며 몸서리쳤다.

사망자는 주로 의령군 지정면 성산리 일대 주민들과 남지읍 박진 나루 주변에 사는 사람들이었다. 사고가 났다 하면 노약자, 부녀자들의 희생이 많았는데 이번에도 예외는 아니었다. 기자가 현장을 취재하는 중에도 안타깝고 눈물겨운 사연들이 속속 드러나고 있었다. (이정석 기자)

석효는 뒤늦게 사고 소식을 듣고 황급히 사고 현장으로 달려갔다.

합동 수색반을 따라 수없이 강변을 오르내렸으나 어디에도 정임이 흔적은 찾을 수 없었다. 유가족을 위한 임시천막에서 물이 빠지기를 기다리며 뜬눈으로 밤을 새웠다. 며칠이 지나자, 눈물도 말라버렸다. 그에게는 오직 정임이가 살아서 불쑥 나타나는 기적이 일어나기를 간절히 바랄 뿐이었다.

안타깝게도 석효가 바라는 기적은 일어나지 않았다. 그런데도 무심한 세월은 어김없이 지나갔다. 떠나보낸 자의 단장의 슬픔을 아는지 모르는지 아침에는 해가 뜨고 저녁에는 변함없이 노을은 붉었다.

'엄마!' 엄마를 찾으며 보채는 아이를 겨우 재워놓고 달빛 그림자를 벗 삼아 힘없이 강변 백사장을 걸었다. 강도, 숲도, 모두 내 마음처럼 쓸쓸하고 외롭게 보인다. 둘이 손잡고 거닐던 강가에 서서 정임이의 고운 얼굴을 떠올렸다.

지난날 일이 생생하게 떠올랐다.

추석날 밤이었다. 휘파람을 신호로, 정임을 불러낸 다음, 으슥한 개비리길을 걸었다. 이 길은 개가 겨우 다닐 수 있는 좁은 길이라 개비리라고 불렀다. 좁고 험한 절벽이지만 지금은 몰라볼 만큼 달라졌다.

남지 강변에 유채밭이 들어서자, 경치가 좋은 이곳에도 길을 넓히고 새롭게 단장했다. 이제 개비리는 둘레길을 조성하여 걷기도

하고 자전거도 타는 명소가 되었다. 머지않아 자동차가 다니는 도로를 개설할 예정이라고 한다.

정임은 가파른 벼랑길이 무서워 석효의 허리에 매달렸다. 사랑하는 이의 감촉이 온몸에 짜릿하게 전해온다. 이렇게 얼마나 걸었을까? 두 연인은 오솔길을 따라 대밭 숲에 멈추어 다정하게 바라보았다. 흩날리는 머리를 걷어 올리며 살짝 미소 짓는 정임의 얼굴은 숲속의 요정처럼 요염하다. 차라리 달빛에 비친 한 송이 청초한 백합이었다. 넋을 잃고 망연히 그녀를 바라보고 있던 석효는 마음속으로 굳게 결심하고 다가서며 말했다.

"정임아! 못난 나를 변함없이 기다려줘서 정말 고마워. 이젠 아무도 우리를 갈라놓지 못할 거야. 평생 너와 함께, 너를 위해 살 거야. 사랑한다.! 내 모든 것을 다 바쳐 진실로 너만을 사랑한다. 우리 결혼하자!" 석효는 끓어오르는 연정을 참지 못하고 정임을 힘껏 끌어안았다.

석효의 넓은 가슴에 안긴 정임은 떨리는 음성으로,

"오빠를 믿어요. 이제부터 오빠의 여자가 될게요. 우리 오래오래 솜사탕처럼 달콤하고 행복하게 살아요."

말하며 석효의 가슴에 파고들었다. 사랑하는 두 사람의 뜨거운 포옹을 시샘이라도 하는지 달님은 잠시 구름 속으로 자취를 감추었다.

이듬해 봄, 두 사람은 많은 사람의 부러움과 축복을 받으며 비로소 한 몸이 되었다. 그토록 소망하던 한 쌍의 원앙이 된 것이다.

내가 속해있는 4H 클럽 회원들이 번갈아 찾아와 석효를 위로했다. 그리고 전처럼 돌아와 활동하기를 기다리고 있었다. 진희는 정임이와 늘 붙어 다니던 단짝이었다. 유달리 눈물이 많아 별명이 울보다. 효정이 볼 때마다 안쓰러워 울고, 친구가 아끼던 살림살이를 쓰다듬으며 찔끔거린다.

"정임아! 우리는 변함없이 모두 여기 있는데 너만 이 자리에 없구나. 하느님도 무심하시지 착하고 착한 사람을 왜 데려가셨나요? 하늘나라에서도 정임이가 필요했나요?" 원망하며 눈시울을 붉혔다.

4H 클럽은 1902년 미국 바쉐르 총장이 창립하여 세계 80여 개국에 지부를 두고 있는 국제적인 단체이다. 행운을 상징하는 네잎클로버 4H는 머리(head), 마음(heart), 손(hand), 건강(health), 등을 뜻한다.

5, 60년대는 우리나라에서 국책사업으로 선정되어 전국에 농민운동 붐이 일기도 했다. 지금도 마을 입구마다 4H 표지석을 흔하게 볼 수 있다.

이 단체는 주로 청소년 계몽운동, 낙후한 농촌의 생활개선, 신, 영농교육을 통해 농가의 소득 증대에 이바지했다. 항상 배움에 목말라하던 두 사람은 4H 클럽에서 활동하며 열심히 신지식을 습득했다. 매년 창녕군에서 개최하는 단위별, 경진대회에서 석효가 성공 사례를 발표하여 우수상을 받았다.

경진대회가 끝나면 미리 준비한 영화를 보여주었다. 시골에서는 읍내에 가지 않으면 영화를 볼 기회가 없어서 모두 들 대환영이었다. 올해는 널리 알려진 「상록수」를 상영했다.

주인공 채용신(최은희)은 팍팍한 농촌에 뛰어들어 정석 학원을 세우고 민족정신과 청소년 교육에 전념한다. 연인이자 동지, 박동혁(신영균)은 용신을 도우며 그의 숭고한 뜻을 함께했다.

"영화 재미있게 봤어?" 극장을 나오며 정임에게 물었다.

"감동적인 영화였어. 한 번 더 보고 싶어"

"주인공으로 나오는 용신은 원산여고를 졸업한 실재인물이래"

"나는 용신이 숨을 거두는 장면 눈물 나더라. 일본 놈 고문에

꿈도 펴보지 못하고 너무 불쌍해. 그렇지만 오빠! 나는 잘생긴 동혁의 헌신적인 사랑이 제일 멋있고 부럽더라."

말하며 의미심장한 미소를 지으며 석효를 빤히 쳐다봤다.

이 소설을 쓴 작가는 시인이며 독립운동가 심훈이다. 그는 우리 민족이 상록수처럼 사철 푸르고 영원하기를 바라며 35세 나이로 일찍 세상을 떠났다.

이제 정임이가 없는 이곳은 의욕도, 희망도 깡그리 사라졌다.

혼자 남아 그녀의 손때가 묻어있는 곳곳을 볼 때마다 괴로웠다. 논, 밭 어디에도 떠오르는 생각을 떨쳐버릴 수 없고 일을 해도 건성이었다. 주인이 떠나고 없는 도라지밭은 잡초만 무성했다.

석효는 곰곰이 생각에 잠겼다. 과연 이곳을 떠나면 고통에서 벗어날 수 있을까? 그러나 막상 낯선 곳으로 떠나려니 두려움이 앞서고 어디로 가야 할 것인지 막막하다. 한편으로는, 자신은 고생하더라도 효정이 만큼은 배우는 기회를 넓히고 제 능력을 마음껏 발휘할 수 있도록 키우고 싶었다.

그래, 이곳을 떠나자, 모든 것을 잊고, 더 나은 곳에서, 새롭게 출발하는 거다.

주먹을 불끈 쥐고 우선 토지부터 내놓았다. 농기구, 가재도구, 등 잡다한 주변을 정리하고 단출하게 이삿짐을 쌌다.

뒤늦게 달려온 진희는 "효정아! 남자답게 씩씩하고 건강하게 자라야 한다. 공부도 잘하고······."

말하며 꼬옥 안아준다. 이제 떠나면 언제 또 볼 것 인가,

"안녕히 가세요. 흑, 흑, 흑"

눈물을 흘리며 이별을 서러워했다. 떠나는 석효의 마음인들 어찌 슬프지 않으랴, 정든 사람을 잃고 고향을 떠나는 발길은 무겁기만 했다.

지인의 권유로 서구에서도 비교적 조용한 토성 초등학교 뒤편

단칸방을 빌려 부산 생활을 시작했다. 이곳은 내년에 입학하는 아이의 등굣길이 가까웠다.

 나는 무슨 일을 해볼까? 배운 기술도 없고 농사일만 하던 내가 막상 할 일을 찾으려니 막막하구나.

 매일 벼룩시장을 뒤적이다가 눈에 띄는 광고를 발견했다. 국화빵 장비 일체를 저렴하게 매매하겠다는 내용이었다. 마침 이곳이 학교 앞이라 아이들을 상대로 노점 장사를 해보기로 마음먹었다.

 석효는 학교 옆 담벼락을 의지해 국화빵을 구워보지만 본래 그 맛이 아니고 모양도 제대로 나오지 않았다. 의욕만 가지고 시작을 하기는 했지만 처음 해보는 일이라 어설프기만 했다. 잘못 구워진 빵은 아이들 몫이었다. 겉모양이나 맛이 덜해도 아이들은 주는 대로 먹어 치웠다. 요령을 몰라 밀가루 반죽, 첨가물, 앙금, 불 조정 등 실패를 거듭했다. 며칠 동안 실패를 거듭하고 나서야 비로소 노릇노릇하고 고소한 국화빵을 구워낼 수 있었다.

 세상에는 공짜가 없다. 전화위복, 그동안 맛을 본 아이들이 우르르 몰려와 굽기가 바쁘게 사서 먹기 시작했다. 고마운 마음으로 덤으로 더 주고 더욱 정성을 들여 맛있게 구워냈다.

 차츰 익숙해지자 이번에는 국화빵과 함께 어묵을 곁들였다. 아이들은 뜨거운 국물을 싫어한다. 미지근하게 식혀서 주면 빵과 함께 곧잘 먹었다.

 어느 날, 어묵꼬치를 먹던 손님이 핫도그를 팔아보라고 정보를 알려주었다. 그때는 소시지가 들어있는 핫도그가 최고의 간식이었다. 허술하게 국화빵으로 시작해 어묵, 핫도그까지 튀겨내면서 노점 장사라도 쏠쏠하게 재미를 붙였다.

 신학기가 다가오는 어느 날이었다. 건너편에 있는 문방구점 사장님이 찾아왔다.

 "갑자기 이사 가게 되어 문구점을 운영할 만한 사람을 찾고 있습니다. 그동안 옆에서 지켜보니 부지런하고 아이들이 많이 따르더군요"

 칭찬하며 문구점을 인수하라고 권했다. 급한 사정상 조건은 좋았다. 그렇지만 전세보증금과 문구용품 인수 금액이 만만치 않아 석효의 형편으로는 감당하기 어려웠다. 그러나 노점상 신세를 면할 수 있는 절호의 기회라 탐이 났다.

 석효는 가능한 방법을 찾아봤지만 아무래도 인수하기는 무리였다. 늦게까지 잠을 이루지 못하고 뒤척이다가 간신히 잠이 들었다. 얼마나 잤을까? 놀랍게도 오색이 영롱하고 그윽한 향기가 은은하게 풍겨왔다.

 잠시 후 한줄기 푸른빛을 따라 하강하는 여인의 모습이 눈이 부시게 아름답다. 여인은 달빛 아래 청초한 모습으로 미소를 지으며 나를 바라보고 있다. 천상의 선녀인가? 아니다. 가까이 다가오는 여인은 분명히 정임이었다. 살포시 내려앉은 정임은 보자기에 싼 무언가를 두고 순식간에 사라졌다. 손을 뻗었으나 미치지 않는다. 다가가려 해도 허우적거리기만 할 뿐이다. 잠결에 발버둥을 치다가 벌떡 일어났다. 방안에는 희미한 달빛만 비출 뿐 주위는 고요했다. 옆에 누운 효정이는 색색거리며 곤한 잠에 빠져있었다. 석효는 깊은 한숨을 토했다.

 얼마나 보고 싶었던 얼굴인가? 오직 나만을 위하던 당신, 내 품에 안기이 내 여자가 되겠다고 수줍게 말하던 당신, 당신이 떠난 후 한시도 잊어 본 적이 없고 당신과 헤어지는 일이 죽을 만큼 괴로웠다. 석효는 어둑한 방에 홀로 앉아 꿈에서나 볼 수 있는 아내를 그리며 흐르는 눈물을 주체하지 못했다.

 다음날, 농협 앞을 지나다가 문득 생각이 떠올랐다. 그랬었구나.……. 정임이가 밤중에 찾아와 곱게 싸둔 예금증서를 주고 간 것이 분명하다.

 나룻배 사고가 났을 때 각계에서 보내준 위로금이 농협에 예치

되어 있었다. 그렇지만 그 돈이 어떤 돈인가? 이 돈만큼은 절대로 손대고 싶지 않았다. 그렇지만 이 기회에 문구점을 인수하여 노점 장사를 면하고 싶었다. 조건이 아주 좋아 더욱 애착이 갔다. '어떻게 할까?' 고민에 고민을 거듭하다가 결국, 결심했다. 이는 정임이의 뜻이라고 받아들여 문구점을 인수하게 되었다.

  요즈음 효정이가 달라졌다.
  학교에서 돌아오면 또래 아이들과 어울리거나 가게를 들락날락하던 아이가 통 얼굴을 볼 수 없다. 궁금하게 여기던 어느 날, 작정하고 뒤를 따랐다. 학교 옆 좁은 골목길을 따라 들어가더니 서슴없이 파란 대문 안으로 쏙 들어갔다.
  "효정아! 춥지? 어서 들어와"
  반갑게 맞이하는 다정한 여인의 목소리가 들리고 효정이 웃음소리가 천진스럽다. 석효는 밖에서 한참 동안 서성거리다가 작정하고 안으로 들어갔다.
  "실례합니다. 효정이 아빠입니다."
  초로의 여인은 갑자기 들이닥친 그를 보고 어쩔 줄 몰라 하면서도, 공손히 방으로 안내하며 했다.
  자그마한 체격에 갸름한 얼굴, 아직은 젊고 고운 여인이었다. 어떻게 된 영문인지 자초지종을 묻자 머뭇거리다가 조심조심 말문을 열었다.
  "3주 전쯤이었습니다. 길가에서 넘어진 아이를 발견하고 일으켜 세워 '다치지는 않았니?' 물으며 흙 묻은 옷을 털어주었지요."
  "그런 일이 있었군요?"
  "그런데 아이가 느닷없이 내 치마폭으로 들어와 제 몸을 감싸는 거예요. 순간 당황하기도 했지만, 나도 모르게 아이를 안아주고 있었어요. 그런 다음 내 손을 잡고 따라오는 아이를 집에 데려와 간식을 먹여서 보냈어요. 효정이는 그 뒤로는 매일 와서 놀다가 간답니다."

하고 그간의 일을 말하며 무안한 표정을 지었다.

그는 몇 번이고 여인에게 고마움을 표하고 아이를 데리고 밖으로 나왔다.

"효정이는 아줌마가 좋아?"

"응, 좋아"

"아줌마 집에 가면 뭐해?"

"씻겨주고, 노래도 가르쳐주고, 이야기도 해주는데 재미있어."

"밥도 먹었어?"

"응, 달걀하고 소시지 엄청 맛있어."

"효정아! 다음부터는 남의 집에 함부로 가면 안 돼, 아줌마가 싫어해 알았지?"

말하며 엄하게 다짐을 받았다. 그러나 효정이는 금세 시무룩해진다.

흔히 하는 말로 아이는 어미 품 안에, 치마폭에서 커야 한다고 말했다. 위대한 모성애, 오늘도 이 땅의 아이들은 어머니 사랑으로 건강하게 자라고 있다.

그날 이후 삭막하기만 했던 단칸방이 조금씩 달라지기 시작했다. 콧구멍만 한 부엌살림이지만 그릇들이 가지런하고 반짝반짝 윤기가 났다. 찬장에는 아이가 좋아하는 소시지, 고기 장조림이 들어있다. 간혹 밥상이 차려져 있고 오랫동안 먹어보지 못한 쑥국 냄새가 향기롭다.

이뿐만 아니다. 뽀송뽀송 말린 옷이 옷장 서랍에 차곡차곡 들어있다. 어수선한 홀아비살림이 일시에 달라졌다. 우리 집에 매일 우렁각시가 다녀가는 것이 분명하다. 그럴수록 효정이는 생기가 돌고 신이 났다.

문구점은 어린이날이 대목이다.

석효는 바쁘다는 핑계로 아이를 데리고 놀이동산 한번 가본 적이 없다. 어린이날 이른 아침에 우렁각시 여인으로부터 전화가 왔다.
　"효정이 아버님! 오늘 효정이 데리고 유원지 다녀올까 합니다."
　"예에…."
　나는 승낙도 반대도 아닌 어정쩡하게 대답을 하고 말았다. 아이가 마음껏 뛰놀며 놀이기구를 타는 모습을 상상하며 우렁각시 여인에게 다시 한번 고마움을 느꼈다. 오늘 하루는 효정이 세상이었다. 효정이는 저녁밥을 먹자마자 녹아떨어졌다.
　두 사람은 5월의 싱그러운 바람이 불어오는 학교 숲, 벤치에 나란히 앉았다.
　"오늘 수고하셨습니다. 고마운 마음 무어라 할 말이 없습니다. 가게에 매달려 바쁘다 보니 아이는 늘 혼자였습니다."
　석효는 고맙다는 인사를 하며 그간의 사정을 늘어놓았다.
　"저는 사고로 애 엄마를 잃었습니다. 시골에서는 애 엄마 모습이 떠올라 도저히 살아갈 수 없더군요. 생각 끝에 도시에서 아이 공부라도 제대로 시키려고 부산까지 오게 되었습니다."
　조용히 듣고 있던 여인은,
　"저 역시 남편을 일찍 저세상으로 떠나보냈습니다. 연이어 딸아이마저 교통사고로 아빠 곁으로 보낸 지지리 복 없는 여자입니다."
　하고 말하자 두 사람은 동병상련일까? 박명화. 이 여인은 차마 꺼내기 어려운 자신의 이야기를 놀라울 만큼 담담하게 풀어냈다.
　"가족을 잃은 슬픔은 당해보지 않으면 모릅니다. 유난히 잘 웃고 활발하던 딸애가 생각날 때마다 이 학교를 둘러보곤 한답니다. 그러다가 우연히 효정이를 만났지요. 가끔 효정이가 저한테 투정을 부려도 어쩐지 내 아이처럼 밉지 않았습니다. 이제는 정이 들어 하루라도 보지 못하면 도리어 제가 허전하고 기다려집니다."

　미소를 지으며 살짝 고개를 숙였다.
　주위를 둘러보면 사람들은 겉으로는 아무 일도 없는 것처럼 행복해 보인다. 그러나 저마다 말 못 할 사연을 가슴에 묻은 채 하루하루를 살아가고 있을 것이다. 여리고 고운 심성을 가진 이 여인에게도 감당하기 벅찬 사연을 간직하고 있었다. 두 사람의 가슴에 남아있는 상처는 깊다. 어쩌면 이 상처로 인하여 눈을 감을 때까지 참을 수 없는 고통을 감수하며 살아갈지도, 모른다.
　"가족을 잃은 슬픔은 당해보지 않으면 모릅니다"라고 말하지 않았는가. 이제 외로운 사람끼리 서로 의지하면서 상처를 위로할 수 있는 좋은 인연을 만났다. 어린 효정이를 위해서라도 얼마나 다행한 일인가. 그해 가을 운동회가 끝나고 효정이는 새로운 엄마가 생겼다. 단란한 새 가정이 탄생한 것이다.

　문방구점은 주로 학용품을 판매하고 있지만, 군것질, 인형, 조립 로봇 등이 쏠쏠하게 팔린다. 수업이 끝나면 한꺼번에 몰려와 너도나도 할 때는 열손이 모자란다. 명화는 살림하는 틈틈이 가게에 나와 돕고 있지만, 코흘리개 푼돈으로는 수입이 미미했다. '어떡하나.' 학년이 올라가는 효정이 과외비, 공부방도 마련해야 하는데 걱정이 앞섰다.
　그러던 차에 지인이 자갈치 시장에서 건어물 가게를 그만두게 되었다. 연로한 사장은 평소 이웃에서 석효의 형편을 잘 알고 있었다. 인수 금액은 도와주는 셈 치고 파격적으로 배려해 주었다.
　그러나 도매를 겸한 가게라 건어물 물량이 워낙 많아 필요한 자금 수요가 만만치 않았다. 석효는 이 돈 저 돈을, 있는 데로 끌어 모아도 인수 금액에는 턱없이 모자라 깊은 한숨을 쉬었다. 옆에서 지켜보던 명화가 모자라는 금액이 얼마나 되는지 물어봤다.
　이튿날 명화가 가방에서 돈뭉치를 꺼내주며 이 돈으로 잔금을 치르라고 말했다. 어떻게 이 많은 돈을 구했을까? 석효는 궁금했다. 그러나 자금 출처에 대해서는 함구하며 절대 밝히지 않았다. 대강 짐작은 가지만 워낙 완강하여 더 캐물어 볼 수 없었다. 훨씬 세월이 지난 후 알게 됐지만, 그 돈은 아이의 교통사고 보상금이었다.

내 이름은 '김효정'이다. 아버지 '김석효'의 효, '이정임' 엄마의 정을 따서 이름을 지었다고 한다. 나를 낳아준 엄마는 어릴 때 돌아가셔서 기억이 희미하다. 사진으로나마 겨우 얼굴을 알 수 있을 뿐이다.

그렇지만 아버지는 늘, 엄마를 못 잊는 눈치다. 두 분이 맺은 연분이 남달리 애틋한 것 같다. 나는 나를 키워준 엄마가 낳아준 엄마보다 더 좋았다. 엄마는 나를 무척 아끼고 나는 엄마 곁에만 있고 싶었다.

초등학교 3학년쯤인가? 길가에서 넘어진 나를 일으켜 세워준 엄마가 나도 모르게 좋아서 따랐다. 그때부터 아빠랑 세 식구가 되어 자연스럽게 엄마라고 불렀다. 어쩌다 밤중에 잠에서 깨어보면 나는 엄마 품에 안겨있었다. 나는 다시 즐거운 꿈나라로 여행을 떠났다. 어쩌다 엄마가 학교에 오는 날은 어깨가 으쓱하고 반 아이들에게 예쁜 엄마를 자랑했다. 지금도 기억나는 것은 엄마의 도움으로 학급위원이 된 것이다. 반에서 학급위원을 하는 친구들이 부러워 꼭 한번 해보고 싶었다.

평소 아버지는 항상 침묵으로 일관한다. 화를 내지는 않았지만, 좀처럼 웃지도 않고 멍하니 허공을 응시하는 날이 많았다.

어느 날 엄마가 얼굴을 감싸고 흐느끼는 모습을 본 적이 있었다. 아버지와 다투고 속이 상한 것일까? 혹시 엄마에게 숨겨진 말 못 할 사정이 있는 것일까? 이러다가 가시지는 않을까? 어린 마음에 덜컥 겁이 나기도 했지만, 엄마는 나를 버리고 떠나지는 않았다.

　무뚝뚝한 아버지와 달리 엄마는 부지런하고 상냥했다. 건어물 구매는 아버지가 하셨지만, 판매는 엄마 몫이었다. 언제나 손님에게 친절하고 최선을 다했다. 엄마의 노력으로 형편이 좋아진 우리는 바다가 보이는 전망이 좋은 아파트를 분양받을 수 있었다.

　내가 중학교 다닐 때는 성적이 반에서 상위권이었고 모범생이었다. 지금 생각해 보면 고등학교 진학 후, 엄마의 속을 무던히 썩였던 것 같다. 고등학교 1, 2학년 때는 공부는 뒷전이고 매일 친구들과 어울려 놀기만 했다.

　그래도 엄마는 내가 원하는 만큼 용돈을 쥐여주었다. 그렇지만 정작 자신은 소박한 옷차림에 미용실이나 변변한 화장품 하나 바르지 못했을 것이다.

　내가 친구들과 게임에 빠져있던 어느 날, 갑자기 나타난 엄마의 손에 이끌려 게임장을 나왔다. 엄마보다 20여 센티미터 키가 더 큰 내가 잡혀가는 꼴이 얼마나 바보 같았을까? 그때 일을 생각하면 지금도 얼굴이 화끈거린다.

　엄마는 책상 앞에 나를 앉혀놓고 말없이 밖으로 나가버렸다. 그때 만약 심하게 꾸짖기라도 했으면 나는 반발 했을지도 모른다. 나는 혼자 곰곰이 생각했다.

　'지금은 내가 이럴 때가 아니다.'

　뒤늦게 정신을 차리고 벼락치기로 수능을 치르고 겨우 대학에 턱걸이할 수가 있었다. 합격통지서를 받아본 엄마의 모습을 잊을 수 없다. 가슴이 벅찬 듯 그렇게 기뻐하는 모습을 한 번도 본 적이 없다. 엄마는 자신이 간절히 바라던 목적을 이루고 여한이 없는 표정이었다.

　당신 없이 오늘의 내가 있을 수 있었을까? 그때야 나는 처음 고마운 엄마를 꼬옥 안았다.

부산 공동어시장은 갈매기가 날아오르는 형상이다.
만선의 깃발을 올리고 밤새 달려온 크고 작은 어선들이 넓은 부두에 빽빽이 들어찼다. 경매가 열리는 자갈치 시장은 새벽마다 활기차고 사람들로 붐빈다. 건어물 가게도 예외 없이 아침 일찍 문을 열고 손님 맞을 채비로 분주하다.
소한 추위가 맹위를 떨치던 꽁꽁 얼어붙은 새벽이었다. 그날도 엄마는 아침 일찍 나와 가게 셔터를 올리다가 쓰러지고 말았다. 추운 날씨에 꽁꽁 언 몸으로 과로가 원인이었다. 급히 병원으로 옮겨 응급치료했으나 끝내 의식을 회복하지 못하고 숨을 거두고 말았다.
엄마가 돌아가시다니…. 나를 두고 어떻게 눈을 감았을까? 하늘이 캄캄했다. 도저히 상상할 수 없고, 믿어지지 않았다. 꼬맹이가 대학생이 되었다고 기뻐하던 어머니였다. 졸업할 때는 어머니께 꼭 사각모를 씌워드리고 싶었다.
눈물이 고여 영정사진을 볼 수 없었다. 눈물을 닦고 또 닦고서야 미소 짓고 있는 엄마의 고운 모습이 보였다. 나는 또다시 "엄마! 엄마!" 서럽게, 서럽게 엄마를 불렀다.
"아버지, 어머니 제일 좋은 공원묘지에 모셔요. 네?"
원망 섞인 목소리로 퉁명스럽게 요구했다. 고개만 끄덕끄덕하는 아버지, 아버지……. 아버지는 망연자실 멍하니 영정만 바라볼 뿐이었다. 어머니는 이승의 짧은 여행을 마치고 홀연 머나먼 길을 떠나셨다. 어머니에게 받은 무한한 사랑을 받기만 했을 뿐, 효도 한번 못한 나 자신이 원망스러웠다.

명화가 갑자기 저세상 사람이 되자 딸 효정이가 추억하는 글을 써서 석효에게 보여 주었다.

아들 내외가 비교적 일찍 결혼하여 새 가정을 이루었다. 석효는 외톨이가 되면서 심란하고 엉뚱한 상상을 하는 날이 잦아졌다. 매일 밤, 깊이 잠들지 못하고 선잠을 잤다. 언제부터인가 부쩍 꿈속에 정임이가 자주 보였다. 볼 때마다 어둡고 괴로운 표정이다.

지난밤에는 원망하는 듯한 눈길로 한참 동안 나를 바라보다가 홀연 사라졌다. 이 사람에게 무슨 일이 일어난 것일까? 외로움에 지쳐 나를 기다리고 있을까?

갈피를 잡지 못하고 공허한 내 마음은 꿈속의 환영으로 꽉 차 있었다.

바람을 쐴 겸 태종대로 발걸음을 옮겼다. 저 멀리 수평선이 보이고, 떼 지어 나르는 갈매기는 먹이를 찾아 점점이 내려앉는다. 기암절벽 위, 전망대에 올라 탁 트인 바다를 바라보며 크게 심호흡을 해본다. 답답했던 마음이 열리고 한결 머리가 맑아지는 듯하다.

'내게 주어진, 내가 해야 할 일은 무엇일까?' '나는 무엇 때문에 살아가는 의미를 상실하고 길을 헤매고 있는가?' 사람은 누구나 자기에게 주어진 자신만의 할 일이 있을 것이다. 석효는 전망대 난간에 기대어 먼 여행을 떠나는 상상을 머릿속에 그려보며 깊은 생각에 잠겼다.

며칠 동안 건어물 재고를 줄이려고 매입을 중단하고 판매에만 집중했다. 그런데도 워낙 품목이 많다 보니 아직 적지 않은 물량이 쌓아있다. 차곡차곡 정리된 가게 안을 살펴본 후 필요한 서류를 챙겼다. 석효는 다시 한번 가게를 둘러보며 짧지 않은 지난날을 회상했다.

「명성 건어물상사」는 명화가 특히 애지중지하며 운영하던 가게이다. 비명에 숨진 명화에게 나는 어떤 존재였을까? 내가 평소 다정하게 명화를 챙겼으면 죽지 않았을까…?

나는 옛 아내를 잊지 못하여 어정쩡하게 가슴에 담아두고 있는 못난 남자였다. 그러나 명화는 단 한 번도 내색하지 않았어.

딸 효정이가 그토록 따르고, 아직은 혈기 왕성한 내가 새로이 정 붙이면 지난날은 봄눈 녹듯 잊힐 줄 알았다. 그러나 정임이는 나도 알 수 없는, 내 뇌리에 깊이 각인되어 있었다. 아무리 세월이 흘러도 점점 더 또렷하게 떠오르고 지우려 할수록 되레 나쁜 남자가 되는 것 같았다.

9월이라고 하지만 한낮의 쨍쨍한 햇빛을 손으로 가리며 길 건너 골목에 있는 창녕 국밥집으로 들어갔다.
"오늘은 일찍 웬일이야?"
아직은 점심이 이른 시간이라 할머니가 놀라는 눈치다.
"고향 가려고요. 돼지국밥 한 그릇 말아주세요. 그리고 이것 효정이 오면 주세요."
말하며 열쇠와 가방을 맡겼다. 국밥집 할머니는 여든을 바라보는 고령이시다. 객지에서 고향 붙이라고 언제나 살갑게 대한다. 펄펄 끓는 가마솥에 구수한 냄새를 풍긴다. 언제나 듬뿍듬뿍 담아주는 정 많은 할머니에게 작별 인사를 했다.
"그동안 고마웠습니다. 오래오래 건강히 지내십시오."

함안군 칠서 계내리에 있는 카르멜 모후 수도원 인근 한적한 곳에 승용차를 주차했다.
흐르는 땀을 닦으며 가파른 용화산을 넘어 동오(도흥)에 계시는 황의원에게 인사드렸다.
"자네 오랜만일세, 올해도 그날을 잊지 않고 왔구먼."
황 의원은 남지에서 운영하던 한약방을 아들에게 물려주고 동오에서 기거하고 있었다. 늘그막이 약초를 다듬으며 유유자적하고 있는 외가 친척 어른이다.
오늘은 동갑내기 선암 최진형 향토작가도 함께 있었다.
"올여름에도 절벽 아래에서 고등학생 2명이 물에 빠져나오지 못하고 익사하는 사고가 났었지. 해마다 젊은이들이 희생되어 안타깝기만, 하구먼"

 황 의원의 설명에 의하면 개비리에서 내려오는 낙동강이 남강을 만나 나란히 흐르다가 제왕담에 이르러 두 물결은 갑자기 합쳐진다. 이때 두 물길은 벼랑에 강하게 부딪히면서 소용돌이치며 급류로 변한다고 했다.

 옆에서 듣고 있던 선암 작가는
"제왕담 주변을 눈여겨 살펴보면 드물게 음기가 서리고, 고요하던 강물이 순식간에 뒤집히는 기이한 현상이 일어난다."
 라고 자신의 의견을 덧붙였다.

 선암 작가가 수집한 설화에 의하면, 옛날 용화산 제왕 담 아래는 명주실을 한 꾸리 풀어도 닿지 않을 만큼 물속이 깊었다.

 이렇게 깊은 물 속에 황룡이 작은 이무기(離目)를 데리고 있었다. 반면 청룡은 강 건너 용산에 웅크리고 있었다. 한창 성장하는 이무기는 휘작질이 심하고 사람을 가지고 노는 것을 좋아해 인명 사고가 끊이지 않았다. 보다 못한 근동 주민들이 용왕제를 지내며 볏짚으로 사람의 형상을 만들어 띄워 이무기를 달랬다. 연연히 큰 행사로 이어오던 용왕제는 일제 강점기에는 엄격히 금지했다. 그러자 크고 작은 사고가 잇달아 발생했다. 이를 뒷받침하듯 1940년경 대형 사고가 일어났다.

 당시 영산, 남지 인근 젊은 처자 20여 명이 모여 강 건너 청송으로 뱃놀이 겸, 가을 단풍 나들이를 나섰다. 곱게 단장한 여인들은 만산홍엽, 붉게 물든 단풍 아래 깊어가는 가을 정취를 마음껏 즐겼다. 숲속에는 익어서 벌어진 어름을 따먹고, 떨어진 밤을 주우며 즐거운 하루를 보내고 돌아오는 길이었다.

 흐르는 물길 따라 절경을 감상하며 제왕담에 이르자 갑자기 배가 꿈틀했다. 고요하게 흐르던 강물이 갑자기 용솟음을 친 것이다. 그러자 놀란 부녀자들이 한쪽으로 쏠리며 눈 깜짝할 사이에 배가 뒤집히고 말았다.

  이 사고로 가까스로 한 명만 살아나왔고 20여 명이 숨진 불의의 대참사가 발생한 것이다. 어렸지만 사고 현장을 직접 목격했던 선암 작가는 지금도 당시를 생생하게 기억하고 있었다.

  졸지에 당한 일이라 유가족들의 애끊는 심정은 이루 말로 다할 수 없었다. 더구나 시신조차 찾을 수 없게 되자, 수중고혼이 된 영혼이라도 건지려고 혼 굿을 하게 되었다.

  망자의 이력이 선명한 20여 개 만장이 뱃전에 펄럭이고 장식한 백화가 생화처럼 만발했다. 시루째 떡이 놓이고 성대하게 차려진 제물 옆에 악사가 자리를 잡았다. 좀처럼 보기 드문 큰 굿판이 배 위에서 벌어졌다.

  진동에 사는 간 셈(관세음) 무당이 걸걸한 목소리로 용왕님께 두 손을 비비며 청을 드리고 애절하게 영혼을 인도했다. 너울너울 간 셈 무당의 춤사위를 따라 큰 배가 좌우로 요동친다. 잽이가 부는 태평소, 꽹과리, 북소리가 자지러지며 까마득한 제왕 담에 울려 멀리멀리 퍼져나갔다.

  슬픔을 참지 못하고 유가족들이 오열하며 하나, 둘 쓰러졌다. 철교에 운집한 구경꾼들이 여기저기서 흐느껴 우는 소리가 들려왔다. 삽시간에 굿판은 울음바다가 되고 말았다.

  "혼 굿은 간 셈 무당을 따라올 무당이 없었지. 서리서리 맺힌 자신의 한을 온몸에 담아 수중고혼을 구원했으니까. 지금 생각해도 제왕 담 사고는 상식으로는 도저히 이해할 수 없는 사건이었어. 어떻게 고요하던 강물이 갑자기 급류로 변하여 용솟음쳤는지 알 수 없는 일이야. 그렇지만 철교가 놓인 후, 가장 큰 재앙은 자네가 내자를 잃은 69년 나룻배 참사였지."

  황 노인이 나룻배 사고를 입에 올리자, 석효는 갑자기 고개를 숙이고 숙연해졌다.

  석효는 두 분 어른께 하직 인사를 올리고 능가사를 찾아갔다.

능가사는 깎아지른 벼랑을 따라 용화산 기슭에 세워진 절이다. 유유히 흐르는 강물 너머로 유채밭이 끝없이 펼쳐져 있다. 이 사찰은 부여 낙화암 못지않은 아름다운 풍광을 자랑한다. 풍경 소리도 들리지 않는, 고즈넉한 법당에서 가부좌하고 호흡을 가다듬었다. 짧지 않은 세월, 지난날을 뒤돌아보면 만감이 교차한다.

 잘생긴 손자 놈 까르르 웃는 얼굴이 눈에 선하다.

 '효정아! 나는 못난 아비였다. 너희들 부부는 행복을 누리거라'

 '명화, 명화…….'

 가만히 불러본다. 애잔한 마음이 온몸을 감싸며 젖어 든다. '고마웠소, 진정 미안하오. 내가 당신에게 진 빚은 다음 생애라도 꼭 갚으리다.'

 오늘은 해마다 돌아오는 9월 17일이다. 몇 달 후에는 새천년 새 세상이 열린다고 했던가……?

 어느새 능가사 마당에 땅거미가 내려앉는다. 능가사를 나와 어둠에 싸인 철교를 향해 뚜벅뚜벅 걸어갔다. 유유히 흐르는 강물에 정임이 얼굴이 일렁인다. 오직 나 하나의 사랑, 우리는 둘이 아니다. 한 몸, 하나이어야 한다. 석효는 영원한 사랑을 찾아 서슴없이 뛰어내렸다.

©서정애

브로맨스

여보게 친구!
환절기 건강은 잘 챙기고 계시는가? 며칠 날씨가 포근하더니 오늘은 봄을 재촉하는 단비가 촉촉이 내리는구나. 앙금처럼 남아 있던 겨울 흔적은 내리는 봄비와 함께 훈풍이 불어와 말끔히 지우네그려.
이제 머지않아 뭇 생명이 깨어나고, 다투어 꽃을 피우겠지. 그러나 찬란한 봄은 그리 길지 않을 것이다. 추운 겨울을 밀어내고 봄이 오는 것은 정해진 이치지만, 지나고 보니 덧없는 세월이었다. 우리가 살아온 지난날처럼 말이다.
자네나 나, 한창때는 지금처럼 이렇게 될 줄 알았나? 피 끓는 젊음이 얼마나 대단하고 엄청난 것인지 이제야 알았다. 그때는 정녕 몰랐다.
네가 유도도장에서 수련할 때는 상체가 마치 깎아놓은 조각처럼 단단하고 우람했었다. 만약 누가 덤비기라도 하면 단번에 나가떨어졌을 것이다. 나야 태권도 도장에 다녔지. 태권도 사범이었던 형님 밑에서 배우기는 했지만, 너만큼 운동신경이 따라가지 못해 겨우 기본동작만 할 정도였다.
가포 해수욕장에서 수영할 때, 너는 많은 여성의 시선을 한몸에 받으며 인기 짱이었다. 아마도 그 몸을 미끼로 예쁘고 순진한 제수씨를 꾀었을 것이다. 내 짐작이기는 하지만…….

친구야!

십 년이 지나면 강산이 변한다고 했던가. 우리 우정은 강산이 일곱 번 바뀌어도 여전히 이어오고 있으니 굉장한 것 아니냐?

얼마 전 별세한 이 시대의 지성인 이어령 박사는 고별 인터뷰를 가진 적이 있었다. 그때 자신의 심정을 털어놓으며 크게 후회했다.

"내가 교수가 되어 책을 여러 권 출간하고, 장관을 하면서 많은 사람과 친하게 지냈다. 그러나 진정한 친구를 내 곁에 두지 못했다. 관중과 포숙, 오성과 한음처럼 아주 특별한 관계를 원하지 않았다. 언제든지 오갈 수 있고, 어떤 말이라도 스스럼없이 나눌 수 있는 그런 편안한 친구가 내게는 단 한 명도 없었다. 만약 절친한 친구가 있었다면 내 삶이 훨씬 풍성했을 것이다"라고 회고했다.

친구야!

우리가 처음 만난 초등학교 꼬맹이 때는 키가 작아 맨 앞자리에 나란히 앉았지. 어느 해 겨울 여럿이 커다란 눈사람을 만들어 찍은 사진을 볼 때마다 어릴 적 생각이 절로 난다. 그때는 6.25 전쟁 직후라 먹을 것도, 입을 것도 없던 비참한 시절이었다.

66년 초, 넌 조금도 망설임 없이 해병대에 지원했지. 나는 그해 8월, 소집영장을 받고 육군에 입대했다. 그럴 즈음 청룡 마크를 달고 베트남전쟁에 파병되었다는 소식을 들었다. 역시 정문용다운 과감한 선택이었다.

큰 사고가 발생한, 그날은 월맹 정규군과 맞붙은 치열한 전투였다고 했지. 빗발처럼 퍼붓는 포화 속에서 함께 싸우던 전우 3명은 전사하고 너만 천운으로 살아남았다. 비록 날아온 파편에 다리를 다치기는 했으나 얼마나 다행인가.

이후부터 〈불사조 정문용〉은 영원한 해병이 되었다.

되돌아보면 우리 젊은 날은 많이 모자라고, 어두운 나날이었다. 가난에 찌든 암담한 현실이었지만 가진 자에게 결코, 비굴하지 않았다. 아무리 어려워도 남의 도움을 바라지 않았으며 꿋꿋이 자력으로 일어섰다. 오직 젊음을 무기로 당당히 맞서며 꿈을 키워온 우리가 아닌가. 고생은 했지만 정직하게 노력한 지난날이 스스로 생각해도 떳떳하다. 그렇지 않니?

  친구야!
  내가 시장에서 장사를 시작할 때, 넌 전문직에 근무하고 있었지. 짧은 밑천으로 직물 도매를 하려니 항상 자금난으로 허덕였다. 할 수 없이 은행에 융자를 신청했더니 보증을 요구했다.
  누구에게 부탁하나 고민하다가 너에게 입을 열었다. 그러자 넌 조금도 망설이지 않고 아파트를 담보로 하고 보증을 서주었다. 그뿐만 아니다. 내가 어려움을 겪을 때마다 도와주고 허물을 감싸주는 둘도 없는 벗이었다.
  네가 경치 좋은 입곡저수지 근처로 옮겨간 후에는 함안지역 유공자 단체를 이끌었지. 10여 년간 헌신한 것도 모자라, 자비로 산 인 민속관을 신축하여 쉼터로 제공하고 있다. 누구도 너만큼 진심으로 봉사하는 사람은 없을 것이다. 그러니 모두 들 너를 가리켜 〈의리의 사나이〉로 불리고 있다.
  그 덕분에 내가 운영하는 경남 시사 교양 포럼 행사를 두 번이나 민속관에서 개최할 수 있었다. 그뿐만 아니라 수필교실 야외 수업도 그곳에서 하기도 했지.
  친구야!
  나이가 들어갈수록 기력이 예전 같지 않고 마음만 앞설 뿐이다. 근년 들어 입, 퇴원을 거듭하는 네 모습을 지켜보면서 안타까운 마음 이루 말할 수 없다. 해병대 정신, 강한 의지로 꼭 회복하기 바란다. 그렇다고 난들 특별하겠니, 이곳저곳 탈이 나서 병원 다니는 일이 일상화되고 있다.
  낫씽!(nothing) 지나고 보면 아무것도 아니다. 모든 것이 허무하고, 속절없다. 결코, 짧지 않은 세월, 쓴맛, 단맛 다 보며 여기까지 왔지 않니.

　나이가 들었다고, 건강에 이상이 있다고, 가진 것이 없다고, 너무 낙심하지 말자. 힘들지 않은 삶은 없다. 아프면 의사에게, 생사는 하늘에 맡기고 그러려니 하고 견디자. 우리 아직 갈 길이 멀다.

　문용아!

　이 봄이 가기 전에 어릴 때 뛰놀던 고향 한번 다녀오자. 4월이 오면 남지 낙동강변은 노란 유채꽃이 활짝 피어나지. 꽃마차를 타고 더 넓은 유채밭을 누벼보자꾸나. 오랜만에 파란색 옛 철교 위를 둘이서 느긋하게 걸어도 보고. 그 아래 유유히 흐르는 시퍼런 강물을 가슴에 가득 담아보자.

　밤은 점점 깊어가는데, 창밖에 내리는 봄비는 그칠 줄 모르는구나. 이제 이쯤에서 너와 나의 사연을 접고 잠자리에 들어야겠다.

　내 영원한 브로맨스 정문용! 제발 아프지 말고 나날이 건강해지기 바란다. 이 밤도 평안히 잠들어라.

2023년 3월
마산에서 서효창 보냄

나를 살린 음식

　사 남매 막내로 태어난 나는 어릴 때부터 몸이 약해 어머니 속을 무던히 썩였다. 입이 짧아 먹는 것이 부실하다 보니 형들처럼 잘 먹고 쑥쑥 자라지 못했다. 애가 타는 엄마는 끼니때마다, 한 숟갈이라도 더 먹이려고 사정사정하며 내 뒤를 따라다녔다. 지금도 먹는 양이 적고, 건강한 편이 아니다.
　그 와중에 홍역을 앓게 되었다. 아직 초등학교 입학 전이었으니 7살 즈음이었다. 얼굴에 반점이 돋고 불덩이가 되자, 엄마는 안절부절 경황이 없었다. 홍역은 열과 싸움이다. 열이 오르자 엄마는 따뜻한 아랫목에 누이고 물수건으로 온몸을 닦았다. 혼수상태로 숨을 헐떡이는 아이 곁을 한시도 떠나지 못하고 밤을 새웠다.
　평소 자주 들락거리던 이웃도 행여 부정 탈까, 조심이 되어 아무도 오지 않았다. 장난이 심한 형들도 조심조심 엄마 눈치를 보며 슬슬 기었다.

　나는 열이 얼마나 올랐는지 발바닥까지 물집이 생겼다. 고열을 견디지 못하고 몇 번 까무러쳤다가 10여 일 만에 겨우 의식이 돌아왔다.
　후일, 나보다 12살 많은 누나는,
　"효창아! 우리 가족은 네가 영영 깨어나지 못하는 줄 알았다. 오죽하면 엄마가 정한 수 떠 놓고 내 자식 목숨만 이어달라고 천지신명에게 빌었겠니?"
하며 생사를 헤매던 당시를 회상했다. 엄마가 장에 가고 나면 엄마 대신 누나가 나를 보살폈다.
겨우 엄마를 알아보기는 했으나 뼈만 남은 앙상한 몰골로 누워있었다. 위험한 고비를 넘기기는 했으나, 추스르고 일어나려면 우선 잘 먹여야 했다. 엄마는 미음을 쑤고, 제사 때 쓰고남은 생선이나마 구워 먹였다. 생각 같아서는 보양식이라도 실컷 먹이고 싶었지만 마음뿐이었다.

어머니는 어린 사 남매를 키우기 위해 하루도 쉬지 않고 동동거렸다. 면서기였던 아버지는 젊은 여자와 살림을 차리고 가정을 전혀 돌보지 않았다. 오죽하면 우리 형제는 아버지 얼굴조차 가물가물했을까, 더구나 나는 "아버지"라고 불러본 기억조차 희미하다.
엄마는 장터에서 쌀장수를 했다. 말이 쌀장수이지, 시골에서 조금씩 이고 오는 곡식을 받아 도매상인에게 넘기고 구전을 몇 푼 받는 정도였다. 장이 서지 않는 날은, 남의 집 밭을 매거나 추수를 도왔다. 오직 자식들 굶기지는 않으려고 아등바등 바쁘게 움직였다.

아픈 아이가 누워있어도 벌어야 끼니를 이을 수 있었다. 그날도 엄마는 싸전에서 바쁜 하루를 보내고 돌아오는 길이었다. 그런데 집 앞에서 "깨갱--"하는 울음소리가 들렸다. 가까이 가보니 조그만 강아지가 널브러져 있었다. 지나가는 화물 자전거에 치인 것이다.
퍼뜩 생각이 떠오른 엄마는 죽은 강아지를 소쿠리로 덮어두었다. 그런 다음 울타리 틈으로 동정을 살폈다. 행여 강아지 주인이 찾아오는지, 강아지를 치인 아저씨가 보이는지, 눈여겨 지켜봤으나, 아무도 오지 않았다. 간혹 행인이 힐끔힐끔 쳐다보고 지나갈 뿐이었다.

인적이 끊어진 골목에 고요한 밤이 찾아왔다. 이때다! 싶었던 엄마는 살금살금 다가가 축 늘어진 강아지를 뒤뜰로 옮겼다. 옆에서 보고 있던 누나는 재빨리 불을 밝히고, 물을 데우는 등 엄마가 하는 일을 도왔다.

엄마는 강아지를 한 번도 다듬어 본 적이 없었다. 그러나 병든 자식을 먹이기 위해 못할 일이 없었다. 어렵게, 어렵게, 장만한 강아지는 큰솥에 푹 삶았다.

아무것도 모르는 나는 엄마가 주는 대로 넙죽넙죽 받아먹었다. 고기도 먹고, 진한 국물도 마셨다. 며칠 동안 한 끼도 빠지지 않고 먹었다.

하루가 다르게 기운을 차린 나는 이제 또래들과 어울려 뛰놀게 되었다. 이듬해 봄에는 초등학교에 입학할 수도 있었다.

"후유"

그제야 엄마는 한시름 놓았다. 눈에 넣어도 아프지 않을 내 자식을 놓치지 않았다는 안도의 한숨이었다.

풍족한 시대에 사는 요즈음은 맛있는 음식이 넘쳐나고 있다. 아니, 특별히 귀한 음식이 없다.

내가 어릴 때는 먹을거리가 없어서 다들 굶주렸다. 먹을 수 있으면 뭐든 가리지 않고 먹었던 가난한 시절이었다. 엄마의 간절한 염원이 담긴 고깃국 한 그릇은 평범한 음식이 아니라 나를 살린 명약이었다.

ⓒ서정애

116_한 쌍의 기러기

직선 입주자 대표

　드디어 입주자 대표를 선출하는 투표가 시작되었다.
　각 동 입구에는 입후보 기호와 인적사항이 붙어있고, 그 아래 투표함이 놓였다. 미리 배부한 투표용지는 편한 시간에 투표함에 넣으면 된다. 좀처럼 보기 드문 이번 선거는 방송뉴스가 되고 취재기자도 보였다.
　아파트 입주자 대표는 무보수로 봉사하며 명예도 없다. 그저 입주민들에게 욕먹지 않으면 다행이다. 그렇지만 작은 지자체처럼 책무는 막중하다. 관리, 경비, 환경용역 등을 심의 의결하고 관리소장을 임명한다. 매년 점검하는 물탱크 청소, 전기, 수도, 조경, 승강기 등을 작업할 업체선정 또한 대표자 몫이다.
　용역이나 점검 업체를 정할 때는 가끔 잡음이 따른다. 주위에서 곱지 않은 시선으로 오해하지만 그래도 업자들을 만난다. 그들에게 새로운 아이디어, 노하우를 수집할 수 있기 때문이다. 이러한 정보는 선정된 업체에 반영한다.
　우리 아파트는 10여 명의 대표가 700여 세대를 관리하기에는 만만치 않은 업무였다.
　지금 대표들은 처음 입주할 때 H건설에서 임의로 지명했다. 그러다 보니 납품업자이거나 전, 현직 임원이 대다수였다. 1차로 지은 H아파트는 경험 부족으로 개, 보수할 부분이 많았다. 그러나 대표들은 건설사 눈치를 보며 내버려두어 원성이 높았다. 참다못한 부녀회, 통반장들이 나서서 입주자 대표를 직선으로 뽑게 된 것이다. 4동에서는 후보 3명 중 내가 당선되었다.

　새롭게 구성된 대표들은 먼저 유선방송을 위시해 관련 업체에서 관행으로 받아온 리베이트를 모두 근절했다. 능력을 겸비한 관리소장을 영입하고 본격적으로 하자 조사에 착수했다. 조사결과, 1동 오수관 설계변경 등 여러 곳에서 부실시공이 드러났다. 경로당, 어린이 놀이터, 보일러 시설 등은 제보를 받고, 전문가의 지원으로 찾아냈다. 2개월여 조사한 현장 사진, 근거자료를 건설사에 제출하고 완벽한 개, 보수를 강력히 요구했다.
　며칠 후 만난 담당자는 기술적 공법 운운하며 변명으로 일관했다. 도리어 하자가 알려지면 아파트 시세가 떨어질 것이라고 겁을 주기도 했다.
　다음날 만난 현장소장은 적정선에서 타협하자고 한다. 나는 한 발짝도 물러서지 않고 부실공사로 발생한 하자보수를 요구했다. 헤어질 무렵, 소변을 보던 중,
　"서 대표님 활동비로 쓰십시오."
　말하며 뒤 포켓에 봉투를 찔러준다. 용변 중이라 거절할 방법이 없었다. 봉투에는 백만 원권 수표 2매가 들어있었다.
　이튿날 근거를 남기고 관리소장이 직접 반환했다.
　나는 회의록을 작성하고 조경공사비로 사용하고 싶기도 했다. 그러나 관리소장은,
　"아무리 절차를 밟아도 비공식으로 받은 금품은 불법입니다"
　말하며 불가함을 강조했다. 돌려준 수표와 관련해, H 건설 비자금 사건 때 검찰에 소환되었으나 증거를 제시하고 무혐의로 풀려났다.
　그뿐만 아니다. 이번에는 금품수수, 공금횡령 혐의로 고발당해 무고로 밝혀지기는 했지만, 한동안 곤욕을 치렀다. 국내 굴지의

대기업이 문제해결은 뒷전이고 나를 표적으로 치졸한 횡포를 자행한 것이다.

 협의는 지지부진하고 부도덕한 그들에게 한계를 실감한 우리는 행동으로 나섰다. 대표와 부녀회가 주축이 되어 시청에 몰려가 거칠게 항의했다. 실무자와 대화가 무산되자 30여 명이 시장실을 점거하고 농성에 들어갔다.
 오후 늦게서야 겨우 시장과 마주 앉은 나는 입주민이 요구하는 14개 항을 제출하고 그동안 논의 과정을 상세히 설명했다.
 시장은 "입주민의 요구사항을 잘 알겠습니다. 관계자와 상의하여 조치하겠습니다." 말했다. 그러나 우리는.
 "정확히 확인하지 않고 준공을 허가한 책임을 묻고 확답 없이는 절대 물러나지 않겠습니다."
 고 주장하며 물러나지 않고 버티었다. 결국, 시장은 H 설 사장과 직접 통화하여 신속히 하자보수를 실시하기로 약속했다.
 우리의 경우에는 시장님의 적극적인 조치로 그나마 숙원을 해결할 수 있었다. 이와 달리 보수를 받지 못해 고통받는 다세대주택이 많을 것이다. 무책임한 건설사들은 모르쇠로 나 몰라라 하고 있다. 적극적으로 나서서 해결해야 행정 할 당국은 뒷짐을 지고 있는 것이 현재의 실정이다.

 2년여 대표로 활동하면서 많은 분이 도와주시고 성원을 아끼지 않았다. 반면 온갖 음해와 유언비어에 시달리기도 했다. 심지어 피서지에 있는 동안 공금을 횡령하고 피신했다는 소문이 퍼졌다. 오죽하면 관리소장이 확인 전화까지 했겠는가? 아내는 제발 대표직을 그만두라고 하소연했다.
 "당신은 순수한 마음으로 아파트를 위해 고생하지만, 일부 주민의 비난하는 말들이 너무 듣기 싫어요."

그해 12월 입주자 대표 정기총회를 마치고 사직했다. 한마음으로 함께 활동해 온 동료 대표들, 항상 뒤에서 지원해 주던 부녀회 회원들, 입주민들이 만류하고 아쉬워했다. 그렇지만 가족들은 무척 반기는 눈치다.

어느 곳이나 많은 사람을 대표하는 자리는 자신의 언행에 책임이 따를 수밖에 없다. 언제나 정직하고 조심조심 행동해야 할 것이다. 이제 무거운 짐을 내려놓으니 심신은 날아갈 듯 홀가분하였다.

제법무아 諸法無我

　5월의 짙푸른 녹음이 싱그럽다. 이산 저산 할 것 없이 온통 푸르름이 가득하다. 어제 내린 비로 냇물은 청정하게 흐르고, 줄지어 서 있는 벚나무 길을 걷다 보니 어느새 백양사가 저만치 보인다.
　백암산 백양사(白岩山 白羊寺) 초입에는 우뚝 솟은 쌍계루가 오는 이를 반갑게 맞이한다. 고려 말 충신 포은 정몽주가 이곳에 왔다가 남긴 한시가 있다. 아기단풍으로 유명한 백암산 정경을 한시로 절묘하게 그려낸 글이다.

　　노을빛 아득하니/ 저무는 산이 붉고/ 달빛이 흘러 돌아/ 가을 물이 맑고 청명하구나/ - 중략.

　천왕문을 들어서니 아직 걸려 있는 초파일 연등이 형형색색 바람에 나부낀다. 벌써 대웅전에는 일찍 온 신도들이 경건하게 합장하며 법당으로 들어가고 있다. 나는 법당 입구에서 배부하는 책을 받아들고 불전 구석에 겨우 자리를 잡았다.
　오늘은 소운(小雲) 스님이 저술한 『제법무아』 출판을 기념하는 법회가 열리는 날이다. 운수 납자, 바람 따라 구름 따라 떠도는 스님이 아니던가, 그 와중에도 이 절에서 탈고하여 출간하게 된 것이다.

백양사 대웅전에는 석가모니불을 중심으로 문수보살, 보현보살을 좌우에 모시고 영산회상도가 걸려있었다. 삼귀의, 반야심경을 독송하고 입정이 끝난 후, 드디어 소운 스님이 법좌에 앉았다. 세속의 연수로는 고희를 넘겼지만 불그레한 용모에 아직은 정정함이 묻어났다.

　"우리는 과학 문명의 급속한 발달로 물질 풍요를 누리고 있습니다. 그러나 산업화의 후유증과 복잡한 사회구조에 정신은 점점 황폐해가고 있습니다. 몇십 년 전만 하더래도 의·식·주만 해결하면 된다는 단순한 생활구조였습니다. 그때는 가난하고 다소 모자라도 조금씩 나누며 함께 살아가는 훈훈한 정이 있었습니다. 그런데 오늘날 메마른 현실은 어떠합니까? 가진 자는 떵떵거리며 군림하고, 소외된 약자는 힘겹게 하루하루를 살아가고 있습니다. 종교가 빈자의 고통과 번민을 들어주고, 도움의 손길을 내밀어야, 할 절실한 실정입니다."

　그의 설법은 흐르는 물처럼 거침이 없다. 20여 명의 스님과 100여 명 불자가 숨소리 하나 크게 쉬지 않고 스님의 말씀을 경청하고 있었다.

　"세존께서는 번뇌에 허덕이는 중생을 위해 크게 깨닫고 사자후를 토했습니다. 부처님의 진리를 사부대중이 쉽게 이해하고 이루기는 어려울 것입니다.
　그러나 망망대해에도 뱃길이 있고, 창창한 하늘에도 항로가 있습니다. 참다운 신행에 어찌 길이 없겠습니까? 쉬지 않고 자비를 베풀고 업장을 소멸하다 보면 반드시 청정한 마음의 길이 열리게 될 것입니다" - 중략.

　스님은 자신이 집필한 책 내용을 간략하게 소개한 다음 법문을 마쳤다.

  2시간여 법회를 마치고 공양간에서 늦은 점심을 먹었다. 운집했던 방문객이 모두 돌아간 다음 스님이 은거하고 있는 운문암에 올랐다.
  인생은 나그넷길/ 어디서 왔다가/ 어디로 가느냐?./ 오솔길을 걸으며 내가 노래를 흥얼거리자 스님이 물었다.
  "그런 노래가 있었나요?"
  "오래전에 우리가 곡차 마시며 불렀던 노래가 아닙니까?"
  "그랬던가요?"
  "허허허"
  되돌아보면 스님과 내가 만나면 엉뚱한 짓거리를 많이 했다. 피 끓는 시절에는 곡차가 과해 소동을 부리고 파출소에 끌려가는 객기를 부린 적도 있었다. 군사정권이 들어서서 횡포를 부릴 때는 우리 손으로 직접 대통령 한번 뽑아보자고 울분을 토하기도 했다. 그때는 잠시 스님의 신분을 내려놓았다.
  자그마한 운문암은 우뚝 솟은 백학봉 아래 노쇠한 노인네처럼 엎드려있었다.
  소운은 비좁은 암자에서 동안거 하듯 한 장 한 장 공들여 원고를 써 내려갔을 것이다.
  아담한 목불을 모신 재단에는 촛불이 제 몸을 태우며 어둠을 밝히고, 스님은 천천히 녹차를 따른다.
  "지난 봄, 쌍계사 도반이 보내줘서 차 공양하는 호사를 누리고 있습니다."
  말하며 김이 모락모락 나는 찻잔을 밀어놓는다.
  천천히 한 모금 마셔보니 향긋한 녹차 향이 입안에 감돈다. 녹차는 역시 첫 잔이 향기롭다. 향·미·색이라고 했던가.

"일본에 다녀오셨다고요?"

차를 마시며 물었다.

"작년에 이어 두 번째 일본을 다녀왔습니다. 처음 갔을 때는 동경대학교 부설 수트라(경전) 연구소에서 주로 금강경에 관한 공부를 했지요. 이 연구소에는 방대한 암파 불교사전을 비롯해 희귀한 불교 서적이 많이 쌓여있더군요. 여기서 수집한 참고자료가 책을 집필할 때 많은 도움이 되었습니다"

관련하여 일본은 인도와 중국보다 불교 관련 서적을 많이 보유하고 있다고 말씀하셨다. 특히 난해한 원어를 주석해놓은 각종 사전은 불교를 연구하는 전 세계학자들이 활용하고 있다고 말했다.

예외 없이 우리나라에서도 불교 서적을 저술할 때는 일본 사전을 참고하고 있다. 스님의 일본 이야기는 계속 이어졌다.

"두 번째 갔을 때는 교토에서 청수사를 비롯한 금각사, 은각사를 방문했지요. 특히 청수사 가이와라 스님은 금강경 연구에 평생을 바친 원로스님이었습니다. 청수사 서고에는 한국의 원효 본, 세조 본, 해인사 대장경 본을 비롯해 인도의 원문, 중국의 쉬앤짱(현장)스님의 귀중한 원본을 소장하고 있었습니다"

그중 이 절에서 소장하고 있는 금강경 본은 중국 현지에서도 구하기 어려운 오래된 불경이었다고 소운 스님은 부러워했다.

"청수시에서 20여 일간 기거하며 법 공부를 많이 했지요. 더불어 가이와라 스님과 금강경을 논하며, 이견(異見)이 있을 때는 늦은 밤까지 토론하기도 했고요. 그러나 원로스님은 해인사 대장경만큼은 이설을 제기 할 수 없을 만큼 훌륭하다고 실토하더군요."

역시 팔만대장경은 세계적인 보물임이 확실하다.

밤은 깊어가고 소운의 열정적인 이야기는 줄줄이 이어졌다.

내가 지루함을 못 이겨 하품하자 슬쩍 말머리를 돌린다.

"등하는 요즈음 글 많이 쓰는지요?"
"필력이 부족한 제가 스님과 비교하면 부끄러울 따름입니다."
몇 년 전, 내가 어쭙잖은 수필집을 간행할 때 망설임 없이 서평을 해주셨다. 그것도 장장 이 백자 원고지 70여 매에 달하는 긴 평론을 써주신 것이다.
그뿐만 아니라 어려운 고비를 맞을 때마다 스님의 지혜로 극복할 수 있었다. 가장 잊히지 않는 것은 부도 위기에 처했을 때였다. 어떻게 알았는지 찾아와 먼저 백지수표부터 은행에 반납하라고 시켰다.
그런 다음, 발행한 수표 수취인에게 상환계획을 제시하고 결제연장을 받으라고 조언하는 것이었다. 결코, 수월하지는 않았으나 몇 년에 걸쳐 모두 상환할 수 있었다. 자칫 사업이 망할뻔한 위기를 스님의 조언으로 다시 일어설 수 있었다. 어느 날 아침에는 스님으로부터 연락이 왔다.
말씀인즉, 운수업은 글자 그대로 운에 따라 좌우되는 아주 변수가 많은 사업이라고 말하는 것이 아닌가, 언젠가 지나가는 말로 슬쩍 했던 사업계획을 스님은 기억하고 있었다. 깜짝 놀라 "스님! 무슨 말씀인가요?" 묻자 "그저 그렇다는 얘기지요" 얼버무리고 끊어버렸다.
당시 나는 택시회사지분을 인수할 준비를 하고 있었다. 그날 아침, 스님이 따끔하게 일침을 가하는 바람에 즉시 인수계획을 접었다.

새벽에 눈을 뜨자 스님은 벌써 가부좌하고 고요히 참선에 들어있었다.
문을 열고 밖으로 나오자 사방은 자욱한 운무 속에 덮여 어디가 하늘이고 땅인지 분간할 수 없었다. 심산유곡, 과연 이곳은 신선이 살고 있다는 전설의 산 방장산이 아닐까 하는 착각마저 들게 한다.

울창한 소나무 숲에 나란히 앉아서,

"스님! 이번에 발간한 제법 무아란 무슨 뜻인가요?" 궁금하여 물었다.

"제법무아는 금강경에 나오는 한 구절입니다. 금강 반야밀경을 줄여 금강경으로 불리는 이 불경에는 부처님의 철학을 담고 있습니다. 문장마다 담겨있는 세존의 오묘한 진성을 이해하기가 무척 어렵습니다. 소승이 경험한 바로는 나라마다 금강경 해석이나 견해가 제각각이었습니다. 그만큼 이 경이 난해하다는 것을 말해주고 있습니다. 이번에 펴낸 제법무아는 어려운 금강경을 쉽게 풀어서 쓰려고 노력했습니다. 그렇지만 불자들이 다소 이해하기 어려울지도 모르겠습니다."

말씀 중에 고심한 흔적이 역력히 드러났다. 하기야 대덕 스님들조차 금강경만큼 사상의 폭이 넓고 심오한 경전은 없을 것이라고 입을 모아 말하고 있다. 이렇게 어려운 경전을 미욱한 중생이 어떻게 쉽게 이해할 수 있겠는가.

스님의 말씀은 계속 이어졌다.

"제법무아는 이 세상에 보이는 모든 물체나, 존재하고 있는 것은 그 실체가 없다는 뜻입니다. 우리에게 보이는 모든 것은, 무수한 연(緣)에 의한 찰나의 작용일뿐, 시간이 지나면 모두 사라지지요. 오직 윤회에 따라 왔다가 스쳐 갈 뿐입니다."

아무리 쉽게 풀어서 설명한다 해도 어렵기는 마찬가지다.

"무아에 대해서 조금 더 설명해주십시오."

나는 또다시 스님에게 요구했다. 소운은 눈을 지그시 감고 생각에 잠겼다가 말씀을 이어갔다.

"제법무아에서 무아는 일반적으로 해석하는 나라는 존재는 없다는 뜻이 아닙니다. 여기에서 무아는 모든 물체는 고정된 실체를 가지지 않는다는 뜻으로 이해해야 합니다. 나라는 존재는 무엇일까요? 억겁을 지나 잠시 잠깐 이런 모습으로, 이 같은 형태로 이번 생애에 나왔을 뿐입니다. 끊임없이 변화하는 가운데 찰나의 모습에 불과합니다. 마치 물 위에 물거품이 일어났다가 사그라지듯, 세상에 왔다가 돌아가지요."

스님이 아무리 열심히 설명해도 역시 알듯 모를듯했다. 내 표정을 읽은 소운은,

"너무 어렵게 생각하지 마십시오. 절에 자주 와서 입정하고, 착한 일 많이 하면 차츰 이해할 수 있을 것입니다."

빙그레 웃으며 마무리 지었다.

소운 스님과 나는 암자에서 내려와 고불매 아래에 나란히 섰다. 부처님의 본래 가르침을 기리자는 뜻으로 고불매라고 부른다. 이미 꽃은 지고 잎만 무성한 홍매화는 350여 년 동안 백양사를 지키고 있는 터줏대감이다.

이 밖에도 강릉 오죽헌에 있는 율곡매, 구례 화엄사의 백매, 순천 선암사 선암매, 등 4대 매화를 국가 천연기념물로 지정하여 보호받고 있는 귀하신 매화나무이다.

일주문 앞에서 스님과 아쉬운 작별을 하고 길을 나섰다. "졸 졸 졸" 두 가닥으로 흐르던 시냇물이 만나는 쌍계루에 올라 먼 산을 바라보며 잠시 지난날 생각에 잠겼다.

소운 스님의 속명은 [고영명]이다. 영명은 밀양 단장면 산골에서 가난한 소작 농가의 맏이로 태어났다. 소년은 생전 처음 고모를 따라 절에 갔을 때였다. 법당에는 미소를 머금은 부처님이 앉아있었다. 그런데 공양으로 올린 쌀밥을 보고 눈이 휘둥그레졌다. 소년은 집에 돌아온 후에도 수북이 담은 하얀 쌀밥이 자꾸만 눈에 어른거렸다.

그날부터 영명 소년은 하루도 빠지지 않고 절 주변에서 서성거렸다. 며칠 동안 얼쩡거리는 아이를 지켜본 스님은 영명을 붙잡고 매일 절에 오는 연유를 물었다.

"나는 중이 되고 싶어요."

소년은 엉겁결에 말해버렸다. 어린 마음에 중이 되면 배곯지 않고 쌀밥을 먹을 수 있다고 생각한 것이다.

훗날 소운 스님은

"그때는 오직 굶주림을 면해보려는 마음으로 그렇게 말했지요. 그랬지만 출가하여 수행자가 된 것을 한번 도 후회한 적이 없습니다."

하고 씁쓸한 지난날을 회고했다.

어김없이 미시(未時 새벽 3시)에 일어나 온갖 궂은일 마다하지 않는 절밥인들 만만했을까? 사바에서도 그만큼 부지런히 움직이면 먹고사는 걱정은 하지 않아도 될 것이다. 그리고 어린 나이에 속가의 부모님, 형제들이 얼마나 보고 싶었을까, 말하지 않아도 능히 짐작이 간다.

소운 스님의 처지나 내 형편이 별반 다를 바 없다. 애당초 나는 시장에서 장사할 생각이 없었다. 살길을 찾아 헤매다 보니 시장까지 흘러와 상인이 되었다. 당시에는 노모를 모시고 아이들 키워야 할 형편이니 찬밥 더운밥 가릴 처지가 아니었다. 그렇다고 해서 나 또한 스님처럼 후회하지 않는다.

소운은 수행하는 스님의 길로, 나는 상인의 길을 묵묵히 걸었다. 비록 두 사람이 가는 길은 달랐지만 사는 목적은 같은 방향을 지향하는 동반자가 아닐까, 하는 생각이 든다.

스님과 나는 실로 우연히 만났다.

소운 스님을 만날 무렵, 나는 아이를 잃고 비탄에 잠겨있을 때였다. 새내기 스님으로 탁발 나온 소운은 우연히 나를 만나본 후 매일 찾아왔다. 처음에는 서먹서먹했지만 서서히 말문이 트여 그의 말을 따르게 되었다.

"거사님은 한 가정의 가장이며 경영자입니다. 한시 바삐 기운을 차려야 합니다. 모두 거사님만 바라보고 있지 않습니까?."

위로의 말을 하며 가족을 위해 자리에서 털고 일어나기를 바랬다.

"부처님께 지난날을 참회하고, 정성을 다해 기도하십시오. 그리하면 장담하건대 부처님께서 반드시 새 생명을 주실 것입니다."

예언처럼 격려를 했다. 그로부터 일 년 후, 스님의 말씀대로 새로 태어난 아들을 안을 수 있었다. 지나고 보니 스님의 예언이 정확하게 맞아떨어졌다.

불경 중에 가장 심오한 철학을 담고 있는 금강경!
소운 스님이 평생을 두고 연구하고 해석하는 금강경!
그중에서 최소한 이 구절이라도 외우라고, 스님께서 당부하던 사구게를 되뇌어본다….

　　一切 有爲 法　　일절 유위 법
　　如夢 幻泡 影　　여몽 환포 영
　　如露 亦如 電　　여로 역여 전
　　應作 如是 觀　　응작 여시 관

"모든 지은 법이여! 꿈과 같고, 환영 같고, 거품 같고, 그림자 같네, 이슬 같고, 번개 같아라. 그대들 이어, 이같이 볼지니. 어디서 온 바도 없으며 어디로 간 바도 없어라. 삶이여! 여래여!"

돌아오는 길에 다시 한번 제법무아를 펼쳐보았다. 소운 스님이 심혈을 기울여 쓴 책이 아닌가, 난해하지만 열심히 읽어볼 참이다.

ⓒ서정애

필연

  며칠 동안 전화 상담을 이어오다가 오늘은 분위기를 바꾸어 찻집에서 만나기로 했다. 따스한 햇볕이 내려앉은 아늑한 창가에 상담자와 마주 앉았다.
  이번 상담자는 특이하다. 고향이나 나이 등 가장 기본적인 질문에 겨우 응해줄 할 뿐 일체 말이 없다. 상담자가 침묵할 때 상담은 침체의 늪에 빠져 답보상태에 이른다.
  원로 이시형 정신의학 박사의 경험담을 들어보면, 환자가 진료실에 들어와 내가 어디에 아픈지 맞춰 보란 듯 말없이 앉아 있다면 의사가 신이 아닌 이상 어느 부위에 어떻게 아픈지 알 수가 없다. 문진에 답변해야 치료하고 약을 처방할 수 있는데. 그렇게 무례한 환자를 만나면 당황할 수밖에 없다고 말했다.
  찻집에서 상담자의 변화를 지켜봤으나 역시 침묵을 지켰다. 그러나 나는 그의 심리를 의도적으로 유도하여 대화를 이어갈 의향이 없다. 스스로 자신의 사연을 털어놓을 때까지 기다릴 것이다. 대체로 침묵의 원인을 유추해 보면 부끄러움이 많거나 우유부단하고 감추고 싶은 과거가 원인일 수 있다. 그리고 본인이 해결 방법을 찾을 수 없다고 포기할 때 함구하는 경향이 있다.

  어느덧 소한이 지나고 연일 포근한 날씨가 이어진다. 이번에는 상담자와 함께 바람이나 쐴 겸 바깥나들이를 나섰다. 해안 길을 따라 크고 작은 섬들을 일별하며 한가하게 달렸다. 창문을 살짝 내리면 찬바람과 함께 갯내음이 물씬 풍긴다. 창포에서 고성 동해면을 이어주는 바다는 아침 햇살에 황금빛으로 눈부시게 반짝인다. 이 도로는 한국의 아름다운 길로 선정된 창포길이다.

동진교를 지나 전망대에서 잠시 내려 이순신 장군의 승전지를 둘러봤다. 날씨가 아무리 따뜻하다 해도 겨울은 겨울이다. 전망대에서 가까운 해맞이 카페에서 몸을 녹였다. TV에서는 평창 동계올림픽경기 중계방송이 한창이다. 세계 각국의 선수들이 겨루는 역동적인 모습에 절로 박수갈채가 쏟아졌다.

잠시 후에는 여자컬링 경기가 이어졌다. 이번 올림픽에서 여자 컬링은 이외의 성적을 올리며 인기종목으로 급부상했다. 이른바 팀 킴, 4김씨로 구성된 대표 팀의 활약은 가히 기적이었다. 경기 막판 주장 김은정이 영미! 영미! 절절한 외침은 전 국민에게 진한 감동을 선사했다. 이후 영미는 모든 사람의 애칭이 되었고 극적으로 결승에 진출하여 은메달을 목에 걸었다.

그런데 텔레비전을 시청하던 상담자의 얼굴이 갑자기 벌겋게 달아올랐다. 이어 손끝이 파르르 떨리며 고개를 푹 숙였다. 영미의 외침이 그에게 심각한 충격이 되었을까? 뒤늦게 알고 보니 같은 이름을 가진 하나뿐인 딸, 영미가 있었다. 상담자는 가정불화로 아내와 헤어질 때 발달장애 영미는 엄마를 따라갔다. 그 후 항해사로 선상에서 전처의 교통사고 사망 소식을 알았다. 그러니 아이는 어떻게 되었는지 전혀 모른 채 몇 년간 배를 타고 떠돌아 다녔다.

처음 상담을 시작했을 때는 무거운 돌을 어깨에 올려놓은 듯, 무덤덤하고 지쳐 보이는 기색이었다. 나이를 봐서는 외로움도, 그리움도, 체념하고 익숙해 질만 한데 버겁고 힘들어 보인다.

그러나 상담사는 경찰이나 법관처럼 원인을 추적하고 규명할 수는 없다. 상담자가 다가올 때까지 긴 호흡으로 기다려야 한다.

영미 쇼크 이후 만나자는 연락을 받았다. 언제나 내가 먼저 전화를 걸고 그의 마음을 헤아려 조용히 상담을 종결해 왔다.

"선생님! 저는 가족과 헤어진 후 방황했습니다. 지인의 소개로 재혼했지만, 곧 이별하고 외톨이로 생활해 왔습니다. 그 와중에도 날이 갈수록 혼자남은 영미 소식이 궁금하더군요. 그렇지만 오랫동안 돌보지 않았고, 무심했던 죄책감으로 우울하게 보내고 있었습니다."

말하며 긴 한숨을 내쉬었다.

"핏줄로 이어진 부모와 자식은 끊을 수 없는 필연입니다. 모든 부모는 자식 일이라면 물, 불가리지 않고 심지어 목숨까지 던지기도 합니다. 따님의 행복이 곧 부모의 행복일 것입니다. 특히 따님은 누구보다 부모님의 따뜻한 손길이 필요한 아이입니다. 아직 늦지 않았습니다. 아버지가 용기를 내어 영미를 꼭 찾으시기 바랍니다."

나는 상담자에게 간곡히 말했다.

며칠 후 그와 동행하여 경찰서를 찾았다. 미리 연락해 놓은 소년 과장에게 정황을 설명하게 하고 나는 먼저 일어섰다. 머지않아 영미를 찾았다는 기쁜 소식이 전해지기를 바라며 이번 상담을 마쳤다.

집에 돌아와 잘 자란 행운목을 어루만지며 그들 부녀에게 행운의 여신이 함께하기를 빌었다.

아– 선생님!

　오늘은 어릴 적 초등학교 선생님을 만나러 가는 날이다.
　졸업한 후에는 한 번도 뵌 적이 없었으니, 선생님 얼굴마저 가물가물하다. 그사이 얼마나 변했을까? 십 년이면 강산이 변한다, 했는데 몇십 년이 흘렀으니 자못 궁금하다. 뒤늦게나마 인사를 드리게 되어 다행이다.
　같은 동기생 J 군의 차를 타고 목적지 안동으로 출발했다. 안동호텔에 주차하고 들어가니, 춘추관 입구에서 기다리고 있던 선생님이 우리를 반겼다. 이제야 코흘리개 나를 깨우쳐주신 선생님을 만나게 된 것이다.
　나를 보자 선생님은 들고 있는 사진과 나를 번갈아 보더니 "너, 서효창이지?" 말하며 따뜻하게 안아주셨다. 이미 머리가 희끗희끗한 선생님 품에 안기는 순간 가슴이 뭉클하고 감회가 새로웠다. 별실에 들어서자 먼저 와있던 동창생들과 뜨거운 악수를 나누었다. 고향 남지를 비롯해 서울, 부산 등지에서 먼 길을 마다하지 않고 달려온 동창들이었다.
　우리는 선생님이 가져온 성적표, 그때 그렸던 그림, 글, 사진 등 처음 보는 초등학교 때 자료들을 보며 저마다 지난날 이야기로 떠들썩했다. 특히 눈에 띄는 것은 내가 쓴 글이었다. 어린이날 교내 글짓기에서 뽑힌 글이었다. 그러나 나는 아무리 생각해도 기억이 나지 않았다. 부끄럽지만 옮겨본다.

우뚝 솟은 선생님

6학년 1반 서효창

나는 이제 6학년이 되었다./ 5학년 때보다 더 열심히 공부해야지./ 내가 좋아하는 국어보다./ 어려운 산수 문제 많이 풀어야지./ 아무것도 모르는 우리에게/ 무엇이든 가르쳐주시는 선생님이 너무 좋다./ 학교운동장에서 제일 큰 둥근 나무같이./ 우뚝 솟은 선생님./ 고마운 선생님 말씀을 잘 들어야지./ - 중략

선생님께서는 약관의 나이에 경남 창녕군 남지 동포 초등학교에 첫 발령을 받았다. 안동에서는 꽤 먼 거리에 있는 작은 학교였다.

"새 학기가 시작되는 그해 3월에 4학년이 된 너희들을 처음 만났지. 6·25 전쟁 직후라 다들 어려운 형편이었지만 착하고 초롱초롱한 눈망울을 보는 순간 나는 굳게 결심했다. 내 모든 능력을 다해 하나라도 더 가르쳐 졸업시키리라, 작정하고 내리 3년 담임을 맡았다. 그동안 고향 안동으로 전근도 마다했으며, 군에도 연기 신청을 하고 너희들에게 매달렸단다."

'그랬었구나….' 졸업 후 제자들에게 처음 소회를 밝히는 스승님 말씀에, 그저 숙연해질 수밖에 없었다. 처음 담임을 맡아 더더욱 애정을 쏟았는지 모른다. "너희들 40여 명을 무사히 보내고, 그제야 나도 안동으로 전근하게 되었지. 막상 내 품에서 떠나기는 했지만 얼마나 정이 들었든지 자꾸만 생각이 나더구나. 그때마다 사진이나 모아둔 자료를 꺼내 보며 추억에 잠기기도 했었다"

호텔에서 점심을 먹고 나온 우리 일행은 은사를 모시고 이곳저곳을 구경했다. 선생님이 교장으로 재직 중인 안동초등학교에도 들러 보고, 하회마을, 도산서원을 관광했다. 안동은 역시 역사와 전통이 서려 있는 고장이었다. 이어 안동댐에서 유람선을 타고

즐거운 한때를 보내며 기념촬영을 했다. 그때 찍은 사진을 보면 선생님 키가 제일 작았다.

웃고 떠들다 보니, 짧은 해가 기울고 헤어져야 할 시간이 다가왔다. 먼저 서울 가는 동창생 시간에 맞춰 예천공항으로 갔다. 비행장 넓은 로비에서 우리 11명은 선생님을 중심으로 빙 둘러섰다. 6학년 때 반장이었던 정평섭 군이 한 발짝 앞으로 나서서 가지런히 열을 맞춘 다음,

"모두 차렷! 열중쉬어! 학생들은 선생님께 주목!" "오늘 이렇게 늠름하게 성장하여 부족한 나를 찾아와 한량없이 기쁘구나. 언제나 정직하고 공부 열심히 하라고, 가르친 보람을 느낀다. 앞으로도 맡은 일에 최선을 다하는 성실한 사람이 되기 바란다." 어느새 선생님은 감격에 겨운지 목소리가 떨리고 있었다. "6학년 1반 전원 차렷! 강신욱 선생님께 경례!" "선생님 안녕히 계십시오"

작별 인사를 하는 우리는 마치 초등학교 시절로 돌아간 듯, 서로 부둥켜안고 즐거워했다. 로비에 있던 여행객들은 좀처럼 보기 드문 광경에 손뼉을 치는 사람도 있었고, 사진을 찍기도 하였다.

우리는 먼저 선생님을 배웅한 다음, 후일 동창회에서 만나기로 약속하고 각자 왔던 길로 돌아갔다. J 군과 나도 마산을 향하여 귀로에 올랐다. 그런데 20여 분쯤 달렸을까, 휴대전화가 울렸다. 선생님이었다.

"내가 톨게이트 가까운 곳에서 너희들 지나가는 모습을 지켜봤다. 고속도로가 위험하니 과속하지 말고 조심해서 가거라" 아ㅡ선생님! 오십을 바라보는 저이를 이토록 걱정하시다니…….

어릴 적이나 지금이나 스승님의 제자 사랑은 조금도 변함없었다. 마치 자식을 멀리 보내는 부모님 마음이나 전혀 다르지 않았다.

고맙습니다. 선생님! 점점 메말라가는 세상인심에 어질고 높으

신 스승님을 만나 한없이 행복합니다. 오래오래 저희 곁에 머물러 주십시오.

정문자 수필

내 영원한 친구에게·값진 희생·내일을 위하여·동네 연쇄점의 운명·발리의 추억·명자와 청자·모닝 글로리·가슴에 맺힌 한·주인 잃은 화분·그림 같은 청계마을·점이네·꽃다운 시절·소중한 손·봉선화 자매·세 자매·찹쌀떡 온정·지금도 꿈꾸는 그곳·해후邂逅·작은 우주·한 올의 정성·엄마의 향기·순결한 꽃 백합·예향 전주에서·어질고 고운 당신·오모 테 나시·부모 마음

내 영원한 친구에게

 선자야!
 창밖에는 스산한 바람 따라 가랑비가 내리고 있다. 한 방울 한 방울 처마 끝에 떨어지는 빗물 소리가 어두운 적막을 깨뜨리는구나.
 어느새 더운 기운이 옅어지고 짧은 햇빛 한 자락이 고맙게 느껴지는 계절, 가을이 다가왔다. 속절없이 지나가는 세월이 그나마 더디지도 않다.
 울긋불긋한 무학산 단풍을 바라보노라면 생각이 깊어지는 것은 웬일일까? 이런 날은 너와 마주 앉아 따끈한 커피를 마시며 실컷 수다를 떨고 싶구나. 어쩌면 커피 맛이 우리가 사는 맛이 아닐까? 커피의 쓴맛이 고소하고 달게 느껴진다면 아마도 삶의 의미를 제대로 아는 나이일지도 모르겠다.
 환절기에 건강히게 잘 지내고 있니? 이 가을밤, 편지를 쓰다 말고 가만히 네 생각을 하노라면 이름처럼 착하고 자상한 네 얼굴이 떠오르는구나.
 얼마 전 네가 모 잡지에 투고한 글에서 우리 사연을 소개했더구나. 그 글에서 나를 너무 추켜세워 민망했다.
 요즈음도 창녕에서 혼자 사는 노인네들 전화 상담을 하고 있겠지. 할머니들과 대화 중, 문제가 있거나 이상한 낌새를 느끼면 바로 달려간다고 했지. 네가 확인하여 상태가 좋지 않으면 주민센터에 알리는 일을 10여 년째 하고 있다고 들었다. 외로운 사람들을 돌보는 네 마음이 비할 때 없이 곱다.
 학교에 다닐 때도 너는 네 주장을 하기보다는, 항상 친구에게 양보하고 얌전했었다. 지금도 다른 사람을 배려하는 네 심성은 조금도 변하지 않았구나.
 며칠 전에는 여고 동기생 몇 명이 진해에서 모였었다. 모처럼 어울린 우리는 깔깔거리며 잠시 그 시절로 돌아가기도 했단다.
 그날 참석하지 못한 네 이야기도 많이 했지. 모두 들 네 얼굴을 보지 못해 아쉬워했다. 자주 보면 좋으련만 말처럼 쉽지는 않겠지? 멀리 있으니 보고 싶어서 하는 말이다.
 선자야!
 지난번 제주도 여행 갔을 때 갑자기 몸에 이상이 와서 병원 신세를 졌다고 했지? 함께 갔던 딸이 많이 놀랐을 것이다. 아플 나이가 되었다고나 할까, 우리 몸이 이젠 예전 같지 않다. 너무 부지런 떨지 말고 쉬엄쉬엄 몸을 아껴라.
 나는 요 며칠 동안 불면증으로 잠을 이루지 못하고 밤마다 뒤척이고 있다. 아무리 생각해도 잠이 안 올 이유가 없는데 눈이 말똥말똥하니 참으로 답답한 노릇이다.
 그뿐만 아니라 변은 며칠이고 나올 기미가 없다. 그러니 속은 항상 더부룩하다. 변비약을 먹어야 겨우 신호가 온다.
 몸 좀 아픈 게 무슨 대수겠니, 이보다 더한 고생을 수없이 겪으며 살아온 우리가 아니냐? 아프거나, 세상사 뜻대로 되지 않는다고 괴로워 말고 그러려니 하고 마음의 여유를 가지자.
 선자야!
 세계적인 화가 밀레는 초기에 작품이 팔리지 않아 가난에 허덕였다. 그러던 어느 날 친구인 철학자 루소가 찾아왔다.
 "여보게 드디어 자네 그림을 사려는 사람이 나타났네. 내가 친구 그림을 소개했더니 사겠다는 의사를 밝히더군"

루소는 이렇게 말하며 그림값으로 300프랑을 주었다. 살길이 막막했던 밀레는 눈이 번쩍 뜨이고 인정을 받았다는 자신감이 생겼다. 몇 년이 지나자 밀레의 그림은 호평을 받아 비싼 값에 팔리기 시작했다. 기쁜 마음으로 루소를 찾아갔을 때였다. 화랑의 부탁이라면서 구매해 간 그림이 루소의 거실에 버젓이 걸려있지 않은가, 그제야 친구의 깊은 배려에 밀레는 고개를 숙이고 말았다.

친구야, 너와 내가 쌓아온 70여 년 우정은 밀레와 루소의 우정이 조금도 부럽지 않다. 아니, 너무나 자랑스럽다.

선자야!

우리가 초등학교 다닐 때 군인 트럭을 타고 경주 수학여행 간 기억나니? 뽀얀 먼지를 뒤집어쓴 얼굴을 보며 서로 놀려댔지.

중학교 다닐 때는 장난이 심해 선생님 꾸중 많이 들었다. 그래도 공부는 열심히 했다. 성적이 상위권이었으니 고등학교에 합격할 수 있었잖니? 여고 시절에는 반에서 네가 제일 예뻤다. 나는 키만 뻘쭉했고….

우리는 장차 선생님이 되자고 굳게 약속했다. 그러나 애석하게도 뜻을 이루지는 못했구나. 비록 꿈은 이루지 못했지만, 맑고 순수했던 너와 나의 추억을 고이 간직하자.

어느새 화려한 옷보다 수수하고 편안한 옷이 어울리는 나이가 되었다. 기쁠 때나, 괴로울 때나, 우리는 항상 가까이 있었다. 내가 아무리 엉뚱한 일을 저질러도 "왜 그랬니?" 묻지 않고 "응 그랬구나" 말하며 믿어주는 너였다.

이제 돌고 돌아 가쁜 숨을 쉬며 여기까지 왔다. 다가올 미래를 너무 두려워하지도, 서글퍼하지도 말자. 그저 마음 가는 대로 구름처럼 흘러가 보자.

가을밤은 속절없이 깊어간다. 이제 우리 이야기는 이쯤에서 접고 오지 않는 잠을 청해야겠다. 내 영원한 친구 문선자! 다시 만날 때까지 안녕--

2022년 11월 3일
마산에서 정문자 보냄

ⓒ서정애

값진 희생

몇 년 전 경남지역 유자녀 회원들이 단체로 한복을 주문한 적이 있었다.

충혼탑이나 현충일 등 추모 행사에 참석할 때 여성회원이 입을 옷이었다. 유자녀회는 6·25 전쟁 때 희생된 전사자 자녀들이 모인 단체이다. 전쟁의 혼란 속에 유족들은 장례는 물론, 시신조차 찾을 수 없었다. 뒤늦게나마 자식들은 고인의 넋이라도 고이 모시겠다는 일념으로 6·25 전몰군경 유자녀 회를 결성하게 된 것이다.

나이가 들자 오랫동안 소외되어 있던 그들은 1990년대에 들어서자, 서서히 불만을 드러내며 모여들었다. 이들은 집회를 거듭할수록 참았던 울분을 한꺼번에 쏟아냈다. 전국에서 모인 유자녀들은 보훈청으로 몰려가 유족으로서 정당한 대우를 요구했다. 그리고 6·25 군경유자녀회를 공인된 단체로 인정해 달라고 강력히 요구하고 나섰다.

밤낮없이 격렬한 농성을 이어가던 어느 날이었다. 우려하던 불상사가 일어나고 말았다. 과격한 회원 한 사람이 뛰쳐나와,

"우리의 요구를 수락할 때까지 결사 항쟁할 것이다."

부르짖으며 온몸에 기름을 붓고 분신자살하고 말았다. 현장은 차마 눈 뜨고 볼 수 없을 정도로 처참한 광경이었다.

이 비극적인 사건을 계기로 보훈처에서 적극적으로 나섰다. 뒤

늦게 국회에서도 논의되어 미흡하나마 6.25 군경 유자녀 예우에 관한 법안이 통과되었다.

유자녀 회원들이 입을 옷은 모양은 한복이지만 생활한복처럼 편하게 입을 수 있도록 약간 융통을 부렸다. 색상은 엄숙한 추념식에 입을 옷인 만큼 너무 튀지 않게 수수한 색깔을 선택하라고 권했다.
그러나 여성회원들은 저마다 좋아하는 색을 고집하여 우여곡절을 겪기도 했다. 결과는 검정 치마에 비둘기색 저고리로 결정되었다. 검은색은 절제된 색으로 상주가 입는 상복으로 연상되며, 비둘기색은 평화를 상징하면서 안정감이 있다. 특히 연한 저고리색은 입는 사람의 얼굴이 한층 밝게 보였다.
경남 전체 유자녀 회원은 몇백 명이 될 만큼 많았다. 이들은 옷을 맞추려고 내가 운영하는 가게로 몰려들었다.
한복은 일반 옷과 달리 체형을 중요시한다. 치수를 잴 때는, 등이 굽고 어깨가 처진 체형 등 신체의 특징을 꼼꼼히 체크했다. 이렇게 개개인의 몸에 맞도록 옷을 만들어야 맵시가 나고 입었을 때 편하다.

단체복을 맞추는 계기로 많은 사람으로부터 그들이 살아온 애환을 들을 수 있었다. 대다수 어려운 형편이었으며, 가족이 뿔뿔이 흩어져 소식을 모르는 사람도 있었다. 그중에서 이연옥 유자녀의 사연이 오랫동안 잊히지 않는다.
"해마다 현충일이 되면 엄마는 하얀 옷을 입고 국립묘지에 갔습니다. 우리 남매는 아버지 묘비에 절을 하고 엄마는 하염없이 눈물만 흘렸지요"
젊은 엄마는 떠돌이 행상으로 전전하다가 운 좋게 노점이나마 어시장에서 자리를 잡았다. 남편 없이 홀로 두 아이를 키우려고 무던히 고생했을 것이다.

"다행히 장사가 잘되어 형편이 나아진 우리는 마음 놓고 학교에 다닐 수 있었지요. 동생은 아버지를 닮아 체격이 우람하고 잘생겼습니다. 대학생이 되자 여자 친구를 집에 데려와 엄마를 기쁘게 했지요. 우리 가족은 잠시나마 행복한 한때를 보냈습니다"

그러나 행복한 이 가정에 검은 먹구름이 몰려왔다.

휴학하고 군에 입대한 아들이 베트남에 파병되었다. 청룡부대에서 누구보다 용감하게 싸웠으나 애석하게 살아서 돌아오지 못했다.

"슬픔에 잠긴 엄마는 삶의 의욕을 잃고 아예 정신줄을 놓아버렸어요. 결국, 엄마는 석 달을 넘기지 못하고 세상을 떠났습니다."

말하며 눈물을 글썽거렸다.

전쟁으로 남편과 자식을 잃은 망자의 삶은 고난과 절망으로 이어진 한 많은 일생이었다. 나는 숙연한 마음으로 이 가족의 사연을 들었다. 지금은 어머니가 장사하던 가게를 따님이 이어받아 생선을 팔고 있었다.

올해 현충일은 나도 마산 산호공원 추념식에 참석했다. 내가 만든 옷으로 단정하게 차려입고, 고인을 추모하는 모습이 경건하다. 전쟁이 일어나면 온 나라가 폐허가 되고 소중한 가족을 잃는다. 아름다운 이 땅에 다시는 피로 물들이는 전쟁은 일어나지 않아야 할 것이다.

조국을 위해 숨져간 영령들의 값진 희생으로 오늘 우리가 평화를 누리고 있다.

내일을 위하여

　요즈음 KBS 주말연속극 『태종 이방원』이 인기리에 방영되고 있다.
　이 드라마에서 선이 굵고 강인한 원경왕후 역으로 탤런트 박진희가 열연하고 있다. 며칠 전에는 「환경스페셜」 프로에 출연하여 자신의 소지품을 공개한 적이 있다. 가방 속에는 대나무 칫솔, 텀블러, 쇼핑용 보자기, 손수건과 크고 작은 타올 2장 등이 들어있었다. 들고 다니는 가방의 소재는 페트병에서 실을 뽑은 홈패션 원단이었다. 그는 물티슈, 종이컵 등 일회용품을 사용하지 않고 플라스틱 제품은 최대한 억제한다고 겸손하게 말했다.
　내 딴에는 불필요한 용품을 억제해 왔는데 박진희의 소지품을 보고 깜짝 놀랐다. 우리 집에서도 물티슈는 사용하지 않지만, 대나무 칫솔은 처음 들었다.
　우리가 알고 있는 배우들은 직업상 짙은 화장을 하고 화려한 옷을 입는다. 예외로 검소하고 환경을 생각하는 마음이 고왔다.

　1940년경 석유에서 추출한 플라스틱은 당시로써는 인류 최고의 발명품이었다. 가볍고 견고하여 철재를 대체할 수 있고 포장이나 모든 제품의 소재가 되었다. 특히 의류는 양모나 실크 보다 질기고 구김이 없으며 세탁하기 쉬워 의류계에서는 혁명이라 할 만큼 인기를 끌었다.

그러나 서서히 부작용이 나타났다. 문제는 사용 후처리였다. 워낙 마구잡이로 대량생산 하다 보니 버려지는 비닐이 태산을 이루고 처치 곤란할 지경에 이르렀다. 자연으로 돌아가 퇴비가 되었으면 얼마나 좋으랴….

오랫동안 썩지 않고 공해를 유발하니 골치 아픈 애물단지로 전락하고 말았다. 종량제봉투에 버려지는 쓰레기 중에는 대다수 플라스틱 종류이다. 어쩔 수 없이 버리지만 500여 년 동안 썩지 않는다고 하니, 어쩐지 버리기가 망설여지고 찝찝하다.

나는 택배로 보내온 상자는 테이프를 제거하고 편지 겉봉에 붙여놓은 투명 비닐은 일일이 떼어낸다. 그렇게 하지 않으면 매립용으로 버려진다. 재활용품은 메뉴대로 세세하게 분리하여, 땅에 묻는 쓰레기양을 최대한 줄이려고 애썼다.

옆에서 지켜보고 있던 남편이 핀잔을 주지만 다른 가정에서는 어떻게 하든 나만이라도 세세하게 분리하여 처리하고 있다.

그나마 유리병과 철재류, 종이상자 등은 따로 모아두었다가 이웃 할아버지에게 드린다. 가족도 없이 혼자 사는 할아버지가 안쓰러워 재활용품을 모아주면 고맙다고 가끔 우유를 주기도 하셨다.

나이가 들어가니 일상처럼 다니는 병원에서 처방전을 받아 약국으로 갔다.

간 김에 비타민과 소독제 등 이것저것 구매했다. 그런데 약들을 하얀 비닐봉지에 넣어 주었다.

일반 비닐보다 부드럽고 촉감이 달라 자세히 살펴보니 D약품 상표 아래 〈이 쇼핑백은 100% 생분해되어 자연으로 돌아가는 제품입니다〉라고 적혀있었다.

몇 년 전부터 썩는 플라스틱으로 알려진 생분해성 수지가 알려지기는 했었다. 아직 미약하지만, 조금씩 포장재가 바뀌고 있는 모양이다.

한국 화학연구원에서는 기존의 석유제품과 달리 생분해 플라스틱은 옥수수, 사탕수수 등 바이오원료를 사용한다고 발표한 적이 있다. 땅에 묻으면 미생물에 의해 1년 내 90% 이상 분해되어 없어진다고 하니 다소 안심이 된다.

만약 친환경 비닐을 소각하면 지구온난화주범인 다이옥신이 전혀 발생하지 않는다고 한다. 이산화탄소 또한 기존에 대비 70% 이상 저감 된다고 설명했다.

그러나 세계적인 환경단체 그린피스는 열처리 등 미흡한 부분을 지적하며 아직 친환경 제품으로 인정하지 않고 있다.

앞으로 더욱 연구해야 할 과제이다. 우리나라에서는 이미 대기업 여러 곳에서 생분해 플라스틱사업에 참여하고 있다. 머지않아 나올 새로운 비닐제품에 기대를 모으고 있다.

호주, 캐나다 등 유럽 청정국에서는 몇 년 전부터 쓰레기를 태워서 땅에 묻고 있다. 우리나라에서도 2026년도부터 점진적으로 시행할 것으로 알려졌다. 메울 장소가 한계에 이르고 침전물로 인한 공해가 심각하기 때문이다.

누구나 사는 동안은 끊임없이 쓰레기를 쏟아낸다. 나는 일회용을 사용을 자제하고, 하찮은 용품이라도 한 번 더 사용하는 생활을 습관처럼 하고 있다. 남편 말마따나 과잉일지도 모른다. 아무도 알아주지 않는 사소한 일이지만 할 일을 한다는 만족감에 마음은 뿌듯하다.

자연은 한번 쓰고 버리는 일회용이 아니다. 연연히 이어갈 다음 세대를 위하여 깨끗이 사용하고 물려 주어야 할 소중한 유산이다. 오늘을 살아가는 우리가 꼭 실천해야 할 중요한 덕목이다.

ⓒ시정애

150_한 쌍의 기러기

동네 연쇄점의 운명

어느덧 하루해가 저물어가고 이제 가게 문을 닫을 준비를 한다. 내일은 오늘보다 장사가 더 잘되기를 바라며 셔터를 내렸다.

버스에서 내려 골목으로 들어서니 연쇄점 젊은 주인이 채소를 고르다가.

"오늘은 늦었네요" 반갑게 인사했다.

언제 봐도 싹싹하고 밝은 얼굴이다. 애들이 좋아하는 치즈, 버터, 두부 등을 사서 들고나오려니.

"상추 좀 드릴게요." 하며 손질한 상추를 넉넉히 봉투에 담아준다.

골목 입구에 있는 이 연쇄점은 귓갓길에 들르는 필수코스가 되었다. 가까운 곳에서 손쉽게 찬거리를 살 수 있으니 한결 편리하다. 오늘은 덤으로 상추까지 얻었으니 저녁 한 끼는 거뜬히 때울 것 같다. 단골 가게는 이래서 좋다.

보람이 엄마는 연쇄점을 하기 전에 어시장 난전에서 채소를 팔았다고 한다. 시장 단속반에게 쫓기며 고생하는 동생을 보다 못한 언니가 이곳에 연쇄점을 차려준 것이다.

택시 운전을 하던 그녀의 남편은 아기가 자박자박 걸을 무렵 사고를 당해 갑자기 하늘나라로 떠나버렸다. 졸지에 남편을 잃은 젊은 여인의 심정은 얼마나 참담했을까? 갑자기 캄캄한 터널에 들어선 것처럼 깊은 절망에 빠졌을 것이다.
 흐르는 눈물을 닦고 아이라도 반듯하게 키우겠다고 굳게 마음먹었다. 어린 보람이가 유일한 희망이었다.
 멀지 않은 곳에서 순대를 팔고 있는 언니는 연쇄점에 자주 들락거렸다. 자신이 만드는 순대 속처럼 정으로 꽉 찬 언니는, 슬픔에 젖어있는 동생을 두고 볼 수 없었다. 함께 자란 자매가 잘살면 좋으련만 힘들게 사는 동생을 보면 안타까워 여러모로 보살폈다. 비록 가난했지만 정 많은 자매였다.
 우리가 사는 세상은 언제나 공평하지 않다. 넘치도록 부와 명예를 누리는 사람이 있는가 하면, 가진 것 없이 하루하루 살려고 발버둥 치는 사람이 적지 않다. 잘사는 사람은 더욱 잘살게 되고, 못사는 사람은 가난을 벗어나지 못하는 안타까운 현실이다.

 아침이 되면 가족들이 모두 밖으로 나가고, 혼자 남은 어머님은 적적하다. 이럴 때 유일한 마실은 연쇄점 나들이다. 양지쪽에서 햇볕을 쬐며 이웃 사람들과 이야기를 나누기도 하고, 가끔 보람이와 놀아주며 시간을 보냈다. 돌아올 때는 가끔 사탕 한 봉지를 사 들고 오셨다.
 어머님은 생전에 다이아몬드처럼 생긴 하얀 박하사탕을 좋아하셨다. 어쩌다 아이들이 박하사탕을 사드리면 오래오래 녹여 먹었다. 후일 어머님이 별세하고 서랍을 정리하다 남아있는 박하사탕을 발견했다. 아끼고 아끼다가 남긴 사탕을 보며 새삼 어머님이 그리웠다.
 남편이 막내라 할머니 같은 시어머님이었다. 남편은 술꾼들과 어울려 밤늦게 들어오는 날이 많았다. 그럴 때마다 어머님은,
 "어미야, 늦게 오는 아비와 한판 붙어라, 내가 거들어주마."
 하시며 내 편을 들어주시던 고마운 어머님이었다.

유난히 더운 날씨에 녹초가 되어 집으로 돌아오는 길이었다. 연쇄점에 〈점포정리 원가판매〉 쪽지가 붙어있었다.

몇 달 전 대로변에 대형마트가 들어섰다. 넓은 매장에 빼곡히 상품이 진열되어 있고 입구에는 과일, 채소가 수북이 쌓여있다. 그야말로 없는 게 없고, 주차장까지 완비되어 있으니 여러모로 편리하다.

갑자기 가까운 곳에 대형마트가 생겼으니 동네 연쇄점 운명은 파리 목숨이었다. 그동안 연쇄점은 그런대로 현상 유지는 하고 있었다. 오죽하면 몇 년간 해오던 가게를 정리할 결심을 했을까? 젊은 엄마는 고민을 많이 했을 것이다.

미래는 언제 어떻게 될 것인지는 아무도 모른다. 그리고 불행은 예고 없이 찾아온다. 살다 보면 내가 원하는 대로 되지 않고, 어려움을 겪을 때가 있다. 이럴수록 마음을 다잡고 용기를 내야 한다. 보람이 엄마는 반드시 오뚜기처럼 다시 일어서리라 믿는다.

며칠 전에 가게를 비운 연쇄점 창문에는 〈점포세〉 쪽지가 붙어있다. 지나칠 때마다 마음씨 고운 보람이 엄마가 생각나고 서운하다. 언니가 전하는 말에 의하면, 동생은 당분간 순대 가게에서 일을 도우며 목이 좋은 장소를 물색하고 있다고 한다.

우리는 언제나 좋은 사람을 만나고 헤어지고 그리고 잊으며 살아간다.

(2021년 8월)

발리의 추억

오늘도 어제처럼 변함없는 하루가 시작되었다.

새벽같이 눈을 뜨고 일어나 아침밥을 먹는 둥 마는 둥 하고 시장에 나갔다. '범사에 감사하라'라는 성경 말씀이 있지만, 나의 일상은 평범하게 반복되는 나날이 따분할 뿐이었다.

그런데 지난달부터 큰딸이 여행을 가자고 졸랐다. 그러나 나는 예사로 귓등으로 들었다. 내가 계속 시큰둥하게 반응하자 사위가 나섰다.

"저희가 몇 달 전부터 아버님, 어머님, 두 분을 모시고 바깥나들이 할 계획을 세웠습니다. 함께 가시지요?"

간곡하게 말했다. 그렇지만 막대한 경비 문제로 반신반의하자,

"경비는 너무 걱정하지 마십시오. 그동안 쌓여있던 항공마일리지를 사용하면 크게 절감될 것입니다"

말하며 적극적으로 권유했다. 무역회사에 근무하는 사위는 세계 곳곳을 누비는 바이어이다.

드디어 인천공항에서 6시간을 날아와 발리 응우라라이 국제공항에 도착했다.

비행기에서 내리자마자 땀이 줄줄 흐르고 화장이 지워졌다. 한국은 지금 가장 추운 1월이다. 출발할 때는 두툼한 패딩을 공항에 맡겨두고 왔었다.

우리가 묵을 호텔은 공항에서 그리 멀지 않았다. 여장을 대강 푼 다음 땀을 식히려고 야외 수영장에 몸을 담갔다. 넓은 풀장의 물은 맑고 시원했다. 이 지역의 특성상 매일 한두 차례 비가 온다고 하니, 어디서나 깨끗한 물이 넘쳐났다. 듣던 대로 물의 나라 신들의 섬이었다.

첫날은 워터랜드에 갔다. 여기는 아이들이 놀기좋은 물놀이장이었다. 아득한 높이에서 미끄럼타듯 쏜살같이 내려오는 놀이기구는 스릴이 넘쳤다. 고무보트를 타고 물결 따라 흘러가며 주변 경치를 편안하게 감상할 수도 있었다.

오후가 되자 나무 그늘에 있는 선베드에 누워 아이들 노는 모습을 보다가 깜박 졸았다. 그때 분수가 있는 광장에서 귀에 익은 음악이 들렸다.

듣다 보니 요즈음 한창 유행하고 있는 싸이의 노래였다. 남녀노소 없이 몰려든 사람들이 "오빠는 강남스타일--" 음악에 따라 뒤뚱뒤뚱 말춤을 추고 있는 모습이 장관이었다. 한류 바람을 타고 전 세계에 말춤 열풍이 거세게 불고 있음을 실감할 수 있었다.

세계 1위 신혼여행지 발리는 사랑이 넘치는 섬이었다. 시내 핫플레이스 어느 곳이나 화려하게 차려입은 젊은 남녀가 북적거렸다.

오늘은 좁고 복잡한 중심지를 벗어나 발리 강에서 리프팅 할 예정이었다. 물론 출발 전 예약을 해두었다. 그렇지만 현지에서 문제가 생겼다.

남편과 나는 나이를 초과하여 보트를 탈 수 없었다. 우리만 따로 기사가 딸린 렌터카에 가이드까지 대동하고, 시내 관광에 나섰다. 힌두교 사원, 박물관, 재래시장 등 원하는 곳은 어디든 데려다주었다.

점심은 가이드가 추천하는 토속음식 앗빠따람을 먹었다. 향료가 듬뿍 들어간 돼지고기 요리였는데 쫄깃하고 부드러워 먹을 만했다. 음료는 우리나라 막걸리와 비슷했는데 시큼한 맛이었다. 저렴한 가격에 푸짐하게 주었다.

마지막으로 가이드가 안내한 장소는 전신 마사지하는 곳이었다. 고요한 숲속에서 부드럽고 섬세한 손길로 여행의 피로를 풀어주었다. 잠시 모든 것을 잊고 편안하게 쉬었다. 기회가 있으면 다시 한번 서비스받고 싶다.

발리 날씨는 특이하다. 밤새 무섭게 퍼붓던 비가 아침이 되면 쾌청하다. 우리 가족 일곱 명은 여러 곳을 다니며 관광했다. 깨짝 춤, 불 쇼, 그림자 연극을 즐기고, 바다 밑 신비한 산호군락을 구경했다.

발리는 어디를 가나 아름답고 사람들은 친절하다. 이곳 사람들은 귀한 손님을 모실 때는 두 손을 가슴에 모으고 "옴 산띠 산띠 옴"이라고 인사한다. 우리나라의 "안녕하세요"와 같은 뜻이다.

호텔 앞 해변에는 쭉쭉 뻗은 야자수 나무가 줄지어 서 있다. 딸과 나란히 서서 붉은 석양을 바라보며 혼자 생각했다.

"고맙다 내 딸! 이렇게 좋은 곳에 데려다줘서 엄마는 행복하구나"

반면 나는 무심한 딸이었다. 내가 엄마를 모시고 여행을 왔더라면 엄마는 얼마나 좋아하셨을까? 이젠 후회해도 늦었다. 세월은 기다려주지 않는다.

이제 일주일간 발리 여행을 마치고 짐을 챙겼다. 도착할 때는 설렜으나, 막상 떠나려니 서운하고 아쉽다.

훗날을 기약하며 귀국하는 여객기 트랩에 올랐다. 축복받은 땅, 지구의 파라다이스, 발리여 안녕!!

명자와 청자

　시장의 아침은 생기가 넘친다. 부지런한 상인들은 아침 일찍 가게 문을 열고 서둘러 손님 맞을 채비를 한다. 내가 판매하는 실크 원단은 유달리 먼지를 많이 탄다. 항상 깨끗하게 만지고 곱게 싸서 모시듯 가지런히 진열한다. 그런 다음 한복을 곱게 차려입었다.
　손님들은 내가 입은 한복을 보고 색상이나 디자인을 선택했다. 한복을 입을 때는 연하게 화장하고 립스틱은 저고리 색상을 고려하여 적절하게 바른다. 내가 액세서리와 외모에 공을 들이는 것은 어디까지나 고객을 위함이다. 이런 나를 주위 사람들은 새 각시라 불렀다. 엄연히 〈복지주단〉 간판이 있는데도 새 각시라고 부를 때마다 내심 싫지는 않았다. 옆 골목 국수 할머니가 훤칠하고 예쁘다고 추켜세울 때마다 민망하기도 했다.
　오랫동안 시장에서 국수를 팔아온 할머니를 모르는 사람이 없다. 내가 가게 개점할 때 20년이 되었다고 했으니, 지금은 30년이 훌쩍 지났을 것이다. 모두 국수 할머니라고 편하게 부르지만, 당연히 이름이 있다. 건너편 양배추 할머니 혼자 이름을 알고 있었지만 머지않아 우리도 알게 되었다. 우연히 옆 가게 수선집 아저씨가 현장을 목격했기 때문이다. 부처님 오신 날 포교당 절에서 두 분의 이름이 나란히 적힌 연등을 보게 된 것이다.
　이후 국수 파는 할머니는 명자, 양배추 써는 할머니는 청자라는 사실이 시장바닥에 알려졌다. 두 사람은 자주 티격태격했지만 우리는 다툰다고 생각하지 않았다. 매월 16일 시장 쉬는 날은 함께 찬거리도 사고 병원을 가기도 하는 것 같았다.

언제부터인가 국수 할머니는 우리 가게 전화를 이용하게 되었다. 할머니를 바꿔 달라는 전화가 잦은 것은 아니지만 직장에 다니는 외아들이 가끔 전화가 걸려 온다. 공고를 졸업한 아들은 운 좋게 수출자유지역에 취업했다. 성실하고 책임감이 강해 우수사원으로 선발되어 연수차 일본으로 떠났다.

하나뿐인 아들을 멀리 보낸 할머니는 내색은 하지 않아도 매일 전화를 기다리는 눈치다. 그렇지만 일본에서 자주 연락할 수 없었을 것이다. 애타게 소식을 기다리던 어느 날 전화를 받은 할머니 얼굴이 굳어졌다. 내가 물어보니.

"몸이 아파 조기 귀국한다네요"

알고 보니 급성 신부전증이었다. 일본 음식이 입맛에 맞지 않아 제대로 먹지 못하고 연일 이어지는 과로에 실신했다고 한다.

출국할 때는 멀쩡했던 아들이 입원하게 되자 할머니 속은 새까맣게 타들어 갔다. 이 자식이 어떤 자식인가, 부처님께 천지신명님께 내 자식 낫게 해 달라고 빌고 또 빌었다. 그러나 병세는 호전되지 않았고 저항력이 저하되어 합병증까지 겹쳤다. 결국, 환자는 3개월을 버티지 못하고 숨을 거두고 말았다.

며칠째 국수 할머니가 시장에 나오지 않았다. 그런데도 청자 할머니는 아무 내색 없이 양배추만 썰고 있다. 남자처럼 체격이 듬직한 할머니는 큰 칼로 양배추를 네 등분으로 자른다. 그런 다음 작은 칼로 아주 가늘고 일정하게 자르는 도마소리가 경쾌하다. 할머니의 칼솜씨는 삼국지에 나오는 조자룡 못지않다. 이렇게 정교하게 썬 양배추는 주로 경양식 집이나 돈가스 전문점 등에 샐러드용으로 팔렸다.

　나는 평소보다 일찍 가게 문을 닫고 할머니 집을 찾아갔다. 얼마나 애통해하고 있을까. 가는 내내 걱정이었다. 그러나 예상과 달리 할머니는 멸치 맛국물을 끓이고 있었다.

　"내일부터 시장에 나갈끼요."

　말하면서도 사과를 깎는 손이 가늘게 떨리고 있었다.

　"얼마나 상심이 크세요. 이럴수록 마음을 더 굳건히 가지셔야지요."

　내가 말하자 할머니는 긴 한숨을 쉬며 그간의 사정을 털어났다.

　"생때같은 자식 잃고 살아갈 낙이 없어 따라갈 작정이었어. 며칠 동안 아무것도 먹지 않고 늘어져 있었는데 청자가 왔어."

　청자는 묵은지 청국장 등으로 상을 차려 들이밀며 억지로 숟가락을 잡혀주었다. 명자는 넘어가지 않는 밥을 꾸역꾸역 넘기며 눈물범벅이 되었다.

　"우리 살아보자. 나는 서방하고 딸이 한꺼번에 물에 떠내려가도 이렇게 멀쩡하게 지내고 있다."

　동병상련 두 할머니는 내 설움, 네 설움에 서로 부둥켜안고 한없이 한없이 눈물을 쏟았다.

　국수 할머니는 절에 아들 위폐를 안치하고 큰스님과 마주 앉았다.

　"인명은 재천입니다. 산사람은 살아야지요. 보살님은 이제 구천에 떠도는 영혼을 좋은 곳으로 인도하십시오."

　말하며 할머니를 위로했다.

　어쩌면 부모는 자식에게 영원한 죄인인지 모른다. 낳고 키울 때는 그렇다 치자. 할머니는 매월 초하루와 보름, 내 아들 좋은 곳에 가도록 해달라고 지극정성으로 축원했다. 이렇게 부모 마음은 한량이 없었다.

다음날은 평소와 다름없이 연탄불을 피우고 국수를 삶는 할머니 손길이 바쁘다. 아는 사람이 지나가면 반갑게 인사도 했다. 건너편 청자는 명자를 힐끗 쳐다보고는 무표정한 얼굴로 칼질만 하고 있다. 두 분이 맺힌 한을 잊는 방법은 쉬지 않고 손을 놀리는 일일 것이다.

곁에서 할머니들을 지켜보는 나는 어떤가…….

자식 키우는 부모 마음은 별반 다를 바 없다. 아이가 원하는 메이커 운동화도 사줘야 하고, 항상 먹을거리를 준비해야 한다. 가게에 있으면서도 애들 생각에 마음은 늘 콩밭에 가 있다. 학교에서 무사히 돌아왔는지, 또래와 다투지는 않았는지, 걱정이 떠날 날 없다.

오직 바라는 것은, 내 아이도 다른 아이들처럼 아무 탈 없이 건강하게 자라기를 바랄 뿐이다.

모닝 글로리

  소한, 대한이 지나자 맹위를 떨치던 추위가 한결 누그러졌다.
  날씨가 풀리자 햇빛이 잘 드는 거실에서 겨울을 보낸 홍매화가 움을 트기 시작했다. 잎사귀를 떨어뜨린 후, 까맣게 메말라 있던 가지에 제일 먼저 봄소식을 전하는 것이다.
  매화는 기품이 고고하고 탐스러운 자태에 은은한 향기가 일품이다. 예로부터 추위를 이기고 꽃을 피운다고 하여 불의에 굴하지 않는 선비정신의 표상이 되기도 했다. 풍류를 즐기는 선비들은 이른 봄에 피어나는 매화의 운치를 감상하며 시를 읊고 그림을 그렸다. 이처럼 많은 시인 묵객의 사랑을 받던 매화는 고려왕조를 상징하는 국화이기도 했다.
  매화를 비롯해 봄에 피는 꽃들은 대체로 잎보다 꽃을 먼저 피운다. 꽃이나 잎사귀, 어느 쪽이 먼저 피든, 유불리를 따지기는 어렵다. 꽃의 처지에서 보면 자신에게 더 나은 방법을 선택하여 진화한 결과이다.
  식물학자들의 의견은 꽃이 먼저 핀다는 것은 생식을 먼저 하겠다는 의도라고 한다. 무성한 잎에 꽃이 가려 있을 때보다 벌과 나비가 쉽게 찾아올 수 있다는 장점이 있을 것으로 추정하고 있다.
  일반적으로 꽃은 봄에 핀다고 생각하고 있었다. 그러나 여름철에 피는 꽃이 훨씬 많으며, 대체로 잎을 먼저 피워 올린다. 왕성한 활동을 하는 시기에 매개체를 불러 모으기 위한 전략이다. 꽃들은 저마다 씨앗을 남기기 위해 화려하게 자신을 치장하고 벌, 나비를 불러들이는 것이다.

ⓒ서정애

　봄기운이 완연하면 큼직한 화분을 꺼내어 퇴비와 흙을 골고루 섞는다. 마치 밭을 갈아 씨를 뿌리는 농부처럼 꽃씨를 심는다. 나는 가장 먼저 나팔꽃 씨를 뿌리고 고운 흙으로 덮어주었다. 이젠 빛과 물이 새싹을 틔울 때까지 기다려야 한다. 기다림은 언제나 인내를 요구하고 있다.
　자라는 아이들도 그렇다. 태어나 걸을 때까지 수백 번 넘어져도 스스로 걸을 때까지 엄마는 기다린다. 대학시험을 치르고 결과를 기다리는 간절함, 자식이 직장에 응시하면 부모는 얼마나 애타게 기쁜 소식을 기다렸던가….

나팔꽃은 부지런하다. 5월부터 11월까지 꾸준히 꽃을 피운다. 지치지도 않은지, 하루도 빠짐없이 빨간색 보라색 등 울긋불긋 자태를 뽐내고 있다. 아침마다 한 아름 선물을 받는 기분이다.

머그잔 가득 커피를 내려 창가에 앉으면 언제나 나팔꽃이 환하게 웃으며 나를 반긴다. 향긋한 커피를 마시며 넋을 잃고 나팔꽃을 바라보노라면 잠시 고단한 마음을 내려놓는다. 내게는 이 아침이 힐링하는 시간이다

나팔꽃은 이렇게 곱게 피지만 한나절이면 지고 만다. 화려하기는 하지만 허무한 일생이다. 잠시 살다가는 무상한 우리네 삶이나, 짧은 동안 피고 지는 꽃이나, 별반 다르지 않다.

서양에서는 나팔꽃을 아침의 영광이라는 뜻으로「모닝 글로리」라고 부른다. 일본에서는 아침의 얼굴이라는 뜻으로「아사가오」라고 한다. 우리나라에서는 메꽃으로 불리며 꽃말은 기쁜 소식, 허무한 사랑이다.

그런데 나팔꽃을 자세히 들여다보면, 종이로 접은 듯, 일정한 선이 줄기처럼 선명하게 보인다. 꽃은 이러한 줄기 같은 선이 꼭 필요하다.

식물도감에 의하면 분명한 선은 벌, 나비를 위한 배려이자 이정표라고 설명하고 있다. 태양은 우리가 보이는 가시광선 외에도 다양한 파장의 빛을 보낸다. 그중에서 자외선은 파란색보다 파장이 짧아 사람의 시력으로는 볼 수 없다. 그러나 벌의 눈에는 자외선이 아주 잘 보인다. 꽃을 투과한 사진을 보면 자외선 표시가 뚜렷하여 신비로울 지경이었다.

꽃은 간절한 마음으로 벌을 기다리며 쉽게 꿀샘을 찾아오도록 안내하는 셈이다. 마치 비행기가 활주로를 따라 착륙하듯 꽃잎의 선으로 유도하는 것과 다름없다. 오묘한 식물의 세계는 우리가 모르는 그들만의 생존 방법을 터득하고 있었다. 알면 알수록 자

연의 신비에 감탄하지 않을 수 없다.

　그렇지만 식물은 동물이 부러울 것이다. 이동의 자유가 없고 생명이 다할 때까지 그 자리에서 요지부동이다. 그러한 악조건에서도 식물은 주어진 환경에 스스로 적응하여 꽃을 피우고 열매를 맺는다. 하기야 식물로 태어났으니 움직일 수 없는 것은 어쩔 수 없는 숙명이다.

　그에 비하면 우리는 행복하다. 원하지 않으면 다른 곳으로 이사 갈 수 있고, 가고 싶은 곳을, 자유롭게 다닐 수 있으니 말이다.

　비록 한곳에 머물러있지만, 식물은 우리에게 많은 선물을 주고 있다. 맑은 공기와 목재 등 이루 말할 수없이 많은 혜택을 베풀고 있다. 이렇게 고마운 식물을 우리는 잘 보살피고 가꾸어야 할 것이다.

　(2020년 8월)

ⓒ서정애

가슴에 맺힌 한

 아침부터 부산하게 움직여 아이들을 학교에 보내고 집을 나섰다.
 오늘은 진해에 계시는 친정어머니를 만나러 가는 길이다. 마산에서 그리 먼 길은 아니지만, 가게에 매인 몸이다 보니 명절이나 행사가 있을 때만 잠시 잠시 다녀올 수밖에 없었다. 육 남매 맏딸인 내가 엄마를 자주 보러 가야 했지만, 언제나 마음뿐이었다.
 친정집 대문을 들어서니 "콜록콜록" 할머니 기침 소리가 들렸다. 여든이 넘은 할머니는 벌써 여러 달째 노환을 앓으며 병석에 누워지내고 있다. 그동안 엄마는 할머니 병간호하느라 힘에 부치는지 얼굴이 헬쑥해졌다.
 그러고 보니 엄마도 고희를 바라보는 노인네가 되었다. 자기 몸이나 겨우 근사할 연세에 시어머니 병시중하다 보니 지치기도 할 만하다. 나는 살며시 엄마 손을 잡았다. 참으로 힘들었던 손이다. 이 손으로 시부모 모시고 여섯 아이 키우며 대농가 살림을 동동거리며 해내셨다.
 눈만 뜨면 일밖에 모르는 엄마를 보며 '나는 다음에 절대 엄마처럼 살지 않을 거야' 어릴 때는 몇 번이고 다짐했었다.

 우선 집 안팎을 쓸고 닦은 후, 물을 데워 할머니 몸을 깨끗이 닦아 드렸다. 몰라볼 만큼 수척한 얼굴에 사지가 앙상해 절로 한숨이 나왔다. 한창때는 누구보다 활발하고 건강하셨다. 세월 이기는 장사가 없다는 말이 사실임을 실감했다. 할머니는 드시는 양도 적었다. 내가 가져온 전복으로 쑨 죽을 할머니는 겨우 고양이 밥만큼 넘기고 잠이 들었다.

작은 방으로 건너온 엄마와 나는 파전을 부치고, 모처럼 모녀가 오붓하게 막걸리 파티를 벌였다. 엄마는 술 좋아하는 시아버지 덕분에 집에서 담근 술을 오랫동안 많이도 걸렀다. 덩달아 나도 적잖이 걸렀다.

막걸리를 조금씩 홀짝이던 엄마는 어렴풋이 지난날을 회상했다.

"익은 술을 체에 내릴 때마다 맛을 보다 보니 막걸리가 내 입맛에 익어버렸다. 간혹 안방에 술상을 올리면 늦게까지 도란도란 나누는 말씀을 들으면 두 분의 정이 두텁구나, 여겼단다."

엄마는 부어놓은 생탁으로 목을 축이며 이야기를 이어갔다.

"내가 시집와 알게 된 너희 할머니는 어릴 때부터 야무지고 매사에 적극적이었다고 들었다."

할아버지는 일본 가서 벌어온 돈으로 토지를 사서 살림을 일구었다고 했다. 체격이 건장하고 부지런한 할아버지는 똑같이 씨를 뿌려도 다른 농가보다 훨씬 수확량이 많았다. 반면 할머니는 할아버지가 가꾼 채소를 알뜰히 시장에 내다 팔았다.

'하늘은 스스로 돕는 자를 돕는다'라고 했다. 부지런한 할머니는 아버지의 소개로 군부대에 채소를 납품하게 되면서 일취월장 규모가 커졌다. 한창 김장철에는 배추, 무, 파 등을 종일 우마차로 실어 날랐다고 하니, 당시로써는 당당한 여장부 사업가였다.

무엇보다 두 분은 손발이 척척 맞았다. 할아버지는 생산에 전념하고, 할머니는 판매만 전문으로 역할을 분담하여 쏠쏠하게 수익을 올렸다. 그렇게 모은 돈으로 농토를 늘리고 ㄷ자 큰 집도 지을 수 있었다. 당시 할머니 수완은 누구도 따라올 수 없는 추종 불가 능력자였다.

그 와중에도 할머니의 또 다른 활약이 눈부셨다. 벼를 심던 논이 6·25전쟁 통에 군부대에 일방적으로 수용되자 강력히 항의하여 최소한으로 줄였고, 태풍으로 피해가 발생했을 때는 시청에 찾아가 끈질기게 요구하여 원상복구 할 수 있었다.

후일 아버지와 삼촌이 입을 모아 하는 말씀이

"방인수, 우리 어머니는 소신껏 당차게 정국을 이끌어나가는 여걸, 민주당 박순천 대표 못지않다"

라고 치켜세울 정도였다.

우리는 누구나 자신의 시계를 하나씩 가지고 세상을 살고 있다.

할머니 시계는 쉴 새 없이 흘러 어느덧 며느리를 둘이나 보고, 혼기가 찬 딸은 인근 마을로 시집보내게 되었다. 할머니가 애지중지하던 고명딸이었다. 바라 노니 그저 남들처럼 내외가 금실이 좋아 아들, 딸 낳고 잘살기를 바랬다.

그러나 세상사가 그리 호락호락 뜻대로 되지 않았다. 입덧을 심하게 하던 딸애가 산달이 되자 어머니는 직접 해산을 도왔다. 순산하기 바랐으나 보기 드문 난산이었다. 밤새도록 산고를 겪던 산모가 아기는 겨우 낳았으나 끝내 의식을 회복하지 못했다. 자신의 눈앞에서 딸을 떠나보낸 참혹한 불상사를 당한 할머니는 눈앞이 캄캄하고 제정신이 아니었다.

일시에 넓은 집이 말소리 발소리 하나 들리지 않고 깊은 물속에 잠긴 듯 정적에 쌓였다. 부엌에서 앞치마로 눈물 콧물을 훔치는 엄마를 보며 덩달아 나도 눈물을 글썽이며 돌아섰다.

고모 이야기가 나오자 엄마는 숙연해지며

"그때는 온 식구가 슬픔에 잠겨 있었지. 할머니는 끼니를 먹는 둥 마는 둥 하며 매일 아침 호미를 들고 들에 나가 해 질 무렵에야 들어오셨단다."

할머니는 식구들을 피해 아무도 없는 들판에서, 무명수건이 흠뻑 젖도록 가슴에 맺힌 한을 풀어낸 것이다. 근처에 있던 이웃 사람들은 피를 토하는 듯한 애절한 울음소리에 모두 눈시울을 적셨다고 했다. 자식 키우는 부모 마음은 모두 같은 심정이었을 것이다.

중학생이 된 나는 고모에게 영어, 수학을 배웠다. 요절한 정정순 고모는 시집가기 전까지 나의 선생님이었고, 커서 꼭 닮고 싶은 롤모델이었다.

할머니는 어디를 가든 나를 데리고 다니셨다. 처음 기차를 타고 마산 부림 시장에 따라와 봤고, 부산 영도 다리도 구경시켜 주었다. 장터에서 채소를 팔고 와서는 주머니를 통째 열어놓고 내게 셈을 맡기기도 했다.

콩나물처럼 쑥쑥 자라는 손녀를 염려하여 학교에서 돌아오는 나를 매일 밤 버스정류장에서 기다렸다. 철모르는 나는 마중 나온 할머니가 그때는 고마운 줄도 모르고 당연한 줄 알았다. 어쩌면 막내딸을 잃은 허전한 마음을 내게 쏟아부었는지도 모를 일이다.

언젠가 한 번은 어이없는 해프닝이 있었다. 어느 날 할머니가 엄마 험담을 늘어놓았다. 순간 듣기 거북했던 나는 "할머니가 이해하세요" 퉁명스럽게 말하자 몹시 서운한 듯, 밖으로 나가 버렸다. 그때 왜 맞장구를 쳐주지 못했을까, 잠시라도 할머니 편이 되어 주지 못한 나는 눈치 없는 멍청이였다. 두고두고 마음에 걸렸다.

할머니는 이제 타고 남은 재처럼 온기가 식어가고 있다. 할머니의 지난 이야기를 하다 보니 어느덧 밤이 깊었다. 한 이불을 덮고 엄마 옆에 누웠다. 함께 자본 적이 언제였든가, 아무리 나이가 들어도 엄마 품은 포근하고 아늑하다.

할머니와 어머니는 내게 한없이 고맙고 소중한 분들이다. 두 분의 사랑과 보살핌으로 이렇게 온전히 살아가는 내가 존재하고 있다.

(2023년 2월)

주인 잃은 화분

　아래층에 세 들어 살던 경호네가 방을 비웠다.
　우리 집에 이사 와서 경호, 영호, 둘을 낳았으니 십여 년 살았다. 귀한 아이 우는 소리가 들리고, 골목이 떠들썩했는데 서운하다. 그동안 알뜰히 저축해 작은 아파트라도 장만하여 옮긴다고 하니 다행이다.
　며칠 후 모녀인듯한 두 사람이 방을 보러왔다. 주뼛주뼛 이 방 저 방을 기웃거리고 창문을 열어보는가 하면 싱크대 물도 내려본다. 우리 집에 앞으로 사실 할머니 표정은 대체로 만족한 듯한데 따님은 영 마땅찮은 표정이었다.
　우리가 사는 집은 생활에 가장 중요한 안식처이다. 집은 평안하고 휴식과 직결되어 있으니 요모조모 까다롭게 따졌다.
　그나마 위치가 남향이고 방들이 작지 않아 사는 데 큰 불편은 없었다. 특히 시내버스 정류장이 가까워 쉽게 오 갈 수 있다. 그러나 아파트에 사는 따님은 주택이 흡족하지 않았을 성싶다.
　요즈음 젊은이들은 생활환경과 단열, 주차 등 여러모로 편리한 아파트를 선호한다. 반면 주택은 인기가 시들하다.
　하루가 다르게 아파트가 하늘 높은 줄 모르고 쭉쭉 올라가고 있지만 서민들은 그림의 떡이다. 아파트 공급이 넘치는 것 같지만 아직 남의 집 신세를 지는 가구가 많은 것이 현 실정이다.
　나는 신접살림을 월세방에서 시작했다. 허름한 주택의 아래채에 살 때는 매일 주인 할머니에게 시달렸다. 밤에 아이 울리지 마라. 물을 아껴 쓰라는 등 잔소리를 끊임없이 들었다. 며칠 월세를 늦게 주면 불호령이 떨어지기도 했다.

어쩌다 보니 처지가 바뀌어 내가 집주인이 되었다. 내 딴에는 그때 당한 설움을 잊지 않고 세입자가 편하게 살 수 있도록 내 딴에는 노력하고 있다.

결국, 따님의 반대를 무릎쓰고 할머니가 우겨 계약이 성사되었다. 이사하는 날 촉촉이 비가 내렸다. 옛날부터 이사하는 날 비가 오면 양식을 꾸러 가지 않게 된다고 전해지고 있다. 말하자면 비 오는 날이 길일이라 잘 산다는 뜻이다.

이사 온 이후 할머니는 있는 듯 없는 듯 조용했다. 간혹 먹을 것을 가지고 가면 뜨개질을 하거나, 돋보기를 쓰고 책을 읽고 있었다.

할아버지는 과로로 쓰러져 7년여 동안 식물인간처럼 누워있다가 돌아가셨다고 한다.

"살던 집은 병원비로 모두 날리고 딸아이는 제가 벌어 시집갔지요."

한숨 쉬며 하는 말을 들으니 고생을 많이 한 할머니였다.

나는 할머니가 가족도 없이 혼자 사는 모습이 외로워 보여 가끔 말동무가 되어드렸다.

할머니는 우리 집에 이사 온 이후, 한동안 아무 일 없이 평온하게 잘 지냈다. 그런데 어느 날부터 할머니가 달라졌다. 사람을 알아보지 못할 때가 있는가 하면 이상한 행동을 하기 시작했다. 밖에 나가면 집을 찾아오지 못해 헤매고, 시도 때도 없이 먹어댔다. 할머니 치매증세는 점점 중증으로 치달았다. 안타깝게도 할머니는 더는 버티지 못하고 요양병원에 실려 가고 말았다.

할머니가 요양병원으로 떠나 버리자, 따님이 와서 짐을 정리해 싣고갔다. 그런데 버리고 간 쓰레기 더미에서 작은 선인장 화분 두 개가 눈에 띄었다. 애지중지하던 주인을 잃고 버림받은 화분이었다.

측은한 생각이 들어 분갈이해서 창가에 두었다. 처음 며칠간은 시들했으나 차츰차츰 생기를 회복했다. 깨어나지 못하면 어쩌나 걱정했는데 살아나서 다행이다. 이날부터 양지바른 곳에 두고 정성 들여 가꾸었다. 살던 곳을 옮겼지만, 별 탈 없이 쑥쑥 잘 자랐다.

이듬해 봄, 놀랍게도 앙증맞은 꽃이 피었다. 공을 들인 보람이 있었다. 자식처럼 화분을 보살피던 할머니가 이렇게 예쁘게 핀 꽃을 보았으면 얼마나 기뻐했을까…. 활짝 핀 꽃을 바라보며 요양병원으로 떠난 할머니가 새삼 생각났다.

가만히 꽃을 들여다보고 있노라면 '할머니 보고 싶어요.' '구해 줘서 고마워요.' 속삭이는 것처럼 보였다.

무릇 살아있는 만물은 조물주가 주신 생명을 받아 이 세상에 나왔다. 아무리 보잘것없는 작은 미물이라도 아끼고 존중해야 할 것이다. 그 누구도 생명을 인위적으로 빼앗을 수 없다. 살아있는 생명은 그 자체로 고귀하다.

버려진 식물이라도 내 마음을 주고 정성을 다하니 예쁜 꽃으로 화답했다. 할머니를 대하듯 열심히 키울 생각이다.

©서정애

그림 같은 청계마을

마산역에서 목포행 완행열차를 탔다. 내가 내릴 곳은 하동이다.
무궁화호는 아무리 작은 간이역이라도 내려주고 태워준다. 마치 후덕한 외할아버지 같다. 오늘은 보고 싶은 인애(점이네)를 만나러 가는 길이다. 마산에 살 때는 친자매처럼 지냈던 동생이었다.
몇 년 전 하동으로 떠났지만, 내가 시장에 메인 몸이라 이제야 걸음을 하게 되었다. 가까이 있을 때는 인애 도움을 많이 받았다. 장을 대신 봐주는가 하면 틈틈이 와서 청소하고 반찬도 만들어놓았다. 덕분에 늦게 돌아와도 걱정 없이 아이들 챙겨 먹일 수 있었다.

열차는 코스모스축제로 유명한 북천역을 지나 1시간여 만에 하동역에 닿았다. 기다리고 있던 인애가 달려와 "언니!" 부르며 두 손을 꼭 잡는다. 손끝으로 반가운 마음이 진하게 전해온다.
"잘 있었니? 보고 싶었다"
그새 더욱 건강해진 동생을 꼭 껴안았다.
우리는 하동군 마을마다 누비는 행복 버스에 올랐다. 도우미가 싹싹하고 정이 넘쳤다. 한 폭의 그림 같은 섬진강을 따라 화개장 터에 내렸다. 장터에서 재첩국으로 늦은 점심을 먹고 인애가 사는 청계마을로 향했다.

집 앞에는 잘 익은 대봉감이 주렁주렁 매달려있었다. 산자락 작은마을이지만 유독 감나무가 많았다. 전에는 이 동네를 감나무골이라고 불렀다고 한다.

어느덧 해가 지자 저녁노을이 섬진강을 발갛게 물들였다. 인애와 나란히 서서 아름다운 석양을 바라봤다. 어느새 우리 얼굴도 붉게 물들었다.

저녁은 그야말로 시골밥상이었다. 애호박을 볶고, 파전을 부치고, 참게찜 등 푸짐하게 차려 배불리 먹었다.

"언니, 이모가 갑자기 돌아가셔서 외톨이가 되었어요. 다행히 이웃이 좋기는 하지만 그래도 외로워요. 마산 있을 때는 언니가 곁에 있어서 외로운 줄 몰랐습니다. 요즈음은 하동 문화예술회관 문예반에 다녀요."

말하며 습작으로 쓴 노트를 보여줬다. 나는 서툰 글씨로 쓴 글들을 읽어봤다.

장날
하동 장날 난전에 도토리묵을 팔고 있다.
국그릇에 식혀서 모양이 동그랗다.
하늘나라 계신 엄마 생각이 나서 묵을 샀다.
도토리묵을 담아주는 할머니 손이 거북등처럼 쩍쩍 갈라져 있다.
엄마도 그런 손으로 우리를 입히고 먹이며 키웠다.
철없던 그때는 엄마니까 당연히 그러는 줄 알았다.

시골은 사철 바쁘다. 그 와중에 이렇게 좋은 글을 쓰다니, 새로운 발견이다. 인애의 글 쓰는 솜씨가 예사롭지 않다. 또 한 편을 읽어봤다.

엄마 생각
혼자 있을 때는 보고 싶은 엄마 생각.

하얀 눈이 내리는 겨울밤에는 따스한 생각.
햇볕이 쨍쨍 내리쬐는 더운 날은 시원한 생각.
언제나 엄마 자리는 추운 자리.
언제나 엄마 자리는 더운 자리.

인애는 섬진강 강여울을 바라보며 어머니를 그리워했을 것이다.
"언니, 우연히 문예반에 등록했는데 처음에는 힘들었어요. 선생님 격려에 용기를 내어 쓰다 보니 조금씩 글귀를 맞추게 되었어요. 우리 반 20여 명이 임실 김용택 시인의 생가,「회문재」에 다녀오기도 했고요."
연말에는 평사리 토지문학관에서 문예반 시화 전시회를 준비하고 있다고 한다. 전시회에 뽑힌 글이 재치가 넘친다.

   꽃구경
섬진강 맑은 물 흐르면 뭐하나?
기슭이 있어야지.
기슭이 있으면 뭐하나?
꽃이 피어야지.
꽃피면 뭐하나?
손잡고 꽃구경할 임이라도 있어야지.

"동생! 남자 친구 생겼어?"
"아니야, 그냥 그렇다는 거야."
얼굴을 붉히며 묘한 여운을 남긴다. 강한 부정은 긍정일지도 모른다. 제발 그랬으면 좋겠다. 남자나, 여자나 혼자 살면 옆구리가 시린 법이다.
인애가 쓴 글을 읽어보면 아직 문장력이나 표현이 다소 미숙하다. 그렇지만 글 속에 제 마음의 느낌을 오롯이 담았다. 열심히 쓰다 보면 필력이 향상될 것이다. 좋은 글 많이 발표하여 훌륭한 시인이 되기 바란다.

인애는 자신에게 주어진 삶에 충실하다. 없는 것을 있는척하지 않고 솔직하게 보여준다. 그리고 아무리 하찮은 일이라도 최선을 다하는 성격이다.

오랜만에 만난 우리는 뜨끈뜨끈한 온돌방에서 밤늦도록 얘기꽃을 피우다가 곤하게 잤다. 이튿날 아침, 마당에 나오니 안개가 자욱하다. 도시에서는 보지 못할 그날의 정경을 잊을 수 없어 글로 옮겨봤다.

물안개

스멀스멀 물안개가 길을 덮고 집을 에워쌉니다.
길섶에는 풀잎마다 이슬 맺히고.
내 마음도 촉촉이 젖어 듭니다.
안개는 숲을 따라 끊임없이 피어오릅니다.

햇살이 퍼지자 안개가 걷히고 푸른 하늘이 드높습니다.
온산에 울긋불긋 단풍이 곱습니다.
저 붉은 가을 색은 어디서 왔을까요?
스산한 바람 불어 마른 잎 떨어지면,
떠나간 그 사람이 그립습니다.
여기는 선계, 그림 같은 청계마을입니다.

아쉽지만 이제 떠나야 한다. 동생이 역까지 따라 나와 정을 듬뿍 담은 보따리를 실어준다. 보따리 속에는 감, 밤, 마늘 등이 잔뜩 들어있었다.

이윽고 기적이 울린다. 저만치에서 손 흔드는 인애의 치맛자락이 바람에 휘날린다. 나는 가물가물 인애가 보이지 않을 때까지 눈을 떼지 못했다.

ⓒ서정애

178_한 쌍의 기러기

점이네

　화물열차가 서항부두로 다니던 철길은 그 사명을 다하여 무용지물이 되었다.
　통합 창원시 출범 후, 방치되어 있던 철길에 나무를 심고 재정비하여 그린웨이를 조성했다. 지금 이곳은 많은 사람이 즐겨 걷는 힐링 명소가 되었다. 점이 네와 우리는 철길 근처에서 기차 소리를 들으며 살았다.
　점이네는 나이는 나보다 십여 년 아래지만 언니, 동생 하며 가깝게 지냈다. 어린 딸을 키우며 혼자 사는 그는 사소한 일이라도 내게 묻고 의논했다. 나 또한 점이네 도움을 적잖이 받았다.
　내가 시장에 매달려있는 형편을 잘 알고, 수시로 집에 들러 청소도 하고, 반찬을 만들어놓기도 했다. 가게에서 종일 손님과 씨름하다가 저녁이 되면 온몸이 나른하다. 피곤한 몸으로 주방에 들어서면 만사가 귀찮다. 이럴 때마다 점이네가 여간 고맙지 않을 수 없다.
　간혹 전화로,
　"언니 어시장에 물메기, 오징어가 싸고 싱싱하네. 온 김에 몇 마리 사 가지고 갈까?"
　나는 반가운 마음에 얼른 부탁하고 한시름 놓는다. 가족을 근사하는 주부는 끼니때마다 오늘은 뭘 해 먹을까 항상 걱정이다. 나뿐만 아니라 모든 주부가 겪는 고민일 것이다.

그런데 그린웨이에서 가까운 회원동 일대가 재개발 지역으로 지정되었다. 연이어 재건축 조합이 결성되어 아파트 건축 절차가 급물살을 탔다. 오랫동안 터를 잡고 살던 주민들은 모두 술렁거렸다. 갑자기 어디로 가야 할지 그저 막막하기만 했다. 몇 달이 지나자 보상금을 받고, 하나, 둘 떠나기 시작했다.

아직 머무르고 있던 점이네도 더는 버티지 못하고 마음을 굳혔다. 그동안 오두막일망정 비바람 막아 주는 내 집에서 편하게 살았다. 13평 슬레이트집 보상금은 그야말로 쥐꼬리만큼 적었다. 이 돈이나마 목돈을 쥔 김에 눈 딱 감고 딸 결혼식을 치렀다. 둘은 같은 직장에서 사귀며 장래를 약속하고 있었다.

이즈음 혼자남은 점이네를 만났다.
"며칠 동안 보이지 않아 궁금했다. 동생은 앞으로 어떻게 할 계획이니?"
하고 물었다.
"언니, 점이를 짝지어주고 나니, 홀가분하네요. 저는 하동 이모집으로 갈 거예요. 여든이 넘은 이모가 외롭게 살고 있습니다. 언니, 그동안 고마웠습니다. 어려운 일이 생길 때마다 의지했던 어머니 같은 언니였습니다."
"아니다. 되려 내가 고마웠다"
"그런데 언니! 막상 떠나려니 새삼스럽게 그이가 생각납니다."
아무리 세월이 흘러도 이 집에서 알콩달콩 살다 떠난 남편을 잊지 못하고 있었다. 두 사람은 만나자마자 첫눈에 반했다.
인애(점이네)는 무학산 맑은 물이 흐르는 개울가에 살았다. 언제부터인가 낯선 사내가 인애를 훔쳐보며 얼쩡거렸다. 빨래통을 이고 가면 슬금슬금 뒤따라왔다. 생전 처음 당하는 일이다. 그러던 어느 날이었다. 그날도 처음 보는 남자가 뒤따라왔다. 어떤 남자일까? 궁금했던 인애는 참지 못하고 홱, 돌아섰다. 순간, 깜짝 놀랐다. 생각보다 훨씬 잘생기고 늠름한 총각이 아닌가, 인애는 저도 모르게 가슴이 콩닥콩닥 뛰고 얼굴이 홍당무가 되었다.
"이렇게 만난 우리는 단칸방에서 신혼생활을 시작했습니다. 남편은 공장에서 성실히 일했습니다. 알뜰히 모아 아파트로 옮길 꿈도 키웠지요. 그렇게 무던하던 사람이 작업 중 불의의 사고로 저세상으로 떠나고 말았습니다. 무정한 사람, 점이와 나만 남겨두고요"
어느새 인애의 눈에는 눈물이 그렁그렁 맺혔다. 나는 살며시 손을 잡으며 슬픔에 젖은 동생을 위로했다.

점이네가 하동으로 떠난 후, 낡은 주택은 삽시간에 흔적도 없이 사라졌다. 그 자리에 하루가 다르게 한층 한층 올라가더니 금세 높직한 아파트가 여러 동 들어섰다. 그럴 즈음 점이네 연락을 받았다.
"언니! 그동안 별고 없는지요? 저는 이모와 잘 지내고 있어요. 여기는 시골이라 물 맑고, 공기 좋아 지낼 만해요"
음성만 들어도 반갑다. 보내놓고 어떻게 사는지 궁금했었다.
"언니, 보고 싶어요. 한번 다녀가세요. 해 질 무렵에는 노을이 섬진강을 발갛게 물들이고 있습니다. 이 아름다운 정경을 언니와 나란히 바라보고 싶습니다. 가을에는 색색이 어우러진 단풍이 너무너무 곱답니다. 꼭 오세요"
정이 담뿍 담긴 인애의 말이 간절하게 들렸다.
세상 어디라도 정붙이고 살면 그곳이 안식처가 될 것이다. 어쭙잖은 나를 친언니처럼 위하는 네 마음이 정말 고맙다. 나도 네가 보고 싶다. 다시 만날 때까지 아무 일 없이 건강하기 바란다.

(2020년 5월)

꽃다운 시절

　내가 첫 발령을 받아 근무하게 된 안동으로 출발했을 때였다.
　레이스가 예쁜 블라우스는 엄마가 취업 기념으로 사준 옷이다. 눈에 띄게 세련된 차림으로 나선 것은 아니다. 그나마 키가 큰 편이고 학교 졸업 후 머리를 길게 길러 제법 숙녀티가 나긴 했었다.
　차창 밖에는 녹음이 짙은 가로수가 줄지어 서 있고, 열차는 철길을 한가로이 지나간다. 나 또한 저렇게 미지의 세상 속으로 떠나고 있는가? 잠시 상념에 잠겨 있을 때였다.
　"아가씨 좌석 번호 맞아요?"
　말하며 나이 지긋한 아저씨가 티켓을 보여준다. 처음 타본 기차라 좌석 번호가 있는 줄 몰랐다. 부끄러워 얼른 자리를 비워 주고 내 자리를 찾아갔다.

　나는 진학을 포기하고 공무원 시험에 전념했다. 평소 학교 선생님을 동경하여 교대 진학을 준비했지만 꿈을 이루지 못했다. 그때 엄마는,
　"집안 형편을 생각해 봐라. 네 밑으로 동생이 다섯이다."
　말하며 완강히 반대했다. 그때는 어린 마음에 잠시 방황하기도 했다.
　오랜 세월이 지난 후,
　"문자야! 지나고 보니 너한테 정말 미안했구나. 네가 그토록 원

했던 대학에 보내지 못해 두고두고 마음에 걸렸다."

어머니는 큰딸에게 가슴 깊이 무거운 짐을 안고 살아온 것이다. 내가 만약 대학 진학을 했었다면 내 삶은 어떻게 달라졌을까? 나는 어디서 무엇을 하고 있을까. 그러나 삶에는 가정이 없다. 매 순간 선택만 있을 뿐이다.

마침 기회가 있어 체신공무원 시험에 응시했다. 지금 생각하면 문제가 쉬웠는지 기억은 없지만 어쨌든 합격했다. 첫 근무처가 안동이었다.

처음 집을 떠나 낯선 곳에서, 생활은 힘들고 외로웠다. 일과를 마치고 피곤한 몸으로 자취방에 누우면 집 생각이 났다. 엄마가 보고 싶고 깔깔대는 동생들이 눈에 선했다. 어느새 나도 모르게 눈물이 주르륵 흘러내렸다.

다행히 친구 둘과 함께 자취하게 되면서 이젠 항상 웃고 수선스러워졌다. 셋이 뭉쳐 신발, 옷 등을 고르고 액세서리를 사 모았다. 난생처음 분홍 립스틱을 발라 보기도 했다. 그때는 우리끼리 어울려 어지간히 돌아다녔다. 그래서인지 후일 아이들이 제가 벌어서 어디에 쓰든 일체 간섭 하지 않았다.

언제부터인가 우체국 창구 앞에서 낯선 청년이 얼쩡거렸다. 나도 모르게 눈길이 자꾸만 그쪽으로 쏠렸다. 우표 담당 정애가 쪼르르 나가 무슨 말을 나누고 살짝 들어온다. 잠시 후 내게 전화가 왔다.

"안동 고등학교 K입니다. 퇴근할 때까지 밖에서 기다리겠습니다."

순간 나는 무슨 말을 했는지 모르고, 얼굴이 발갛게 달아오르고 가슴이 콩닥콩닥 뛰었다. 어떤 남자일까? 가슴 졸이며 만났다. 우리는 수북이 자란 청보리밭을 지나 길게 뻗은 강둑에 나란히 앉았다. 능수버들은 물에 닿을 듯 휘어져 있고 연둣빛 향기가 은은히 풍겨왔다.

　K와 몇 번 데이트를 즐기고 제과점을 나올 때 그가 은근히 내 손을 잡았다. 부끄러워 얼른 손을 뺐다. 처음 잡혀본 손이라 얼굴이 후끈 달아올랐다.

　기다리고 있던 선우와 정애는 이것저것 물어보며 호들갑이다. 부러운 마음으로 부르는「호반의 벤치」노래가 애절하다.

　〈내 님은 누구일까, 어디 계실까, 무엇을 하는 님일까….〉

　이 노래는 60년대 한창 유행하던 노래였다.

　그해 봄이 무르익어가는 5월 첫 일요일이었다. 무엇을 입을까, 이건 어때? 정애와 선우가 더 야단이다. 우리는 꽃송이처럼 화사하게 차려입고 길을 나섰다. K와 함께 도산서원으로 떠나는 봄나들이는 마냥 신나고 즐거웠다. 브라보 청춘! 그때야말로 탐스럽게 피어나는 꽃다운 시절이었다.

　오래지 않아 고향인 진해우체국으로 발령이 났다.

　예고 없는 전근으로 K와 인사도 없이 떠날 수밖에 없었다. 그는 학생들을 인솔하여 수학여행 중이었다. 막상 떠나려니 아쉬움이 밀려왔다. 안동에서 있었던 숱한 사연들이 파노라마처럼 눈 앞에 펼쳐졌다. 서둘러 짐을 챙겨 열차에 올랐다.

　그새 훌쩍 큰 동생들 할머니 잔소리가 싫지 않았다. 집에서 편하게 출퇴근하며 그새 만나지 못했던 친구들과 다시 어울렸다.

　업무에 바쁜 어느 날, 느닷없이 K가 우체국 창구 앞에 우뚝 서 있었다. 여름방학 기간을 이용하여 나를 만나러 온 것이다. 우리는 속천 앞바다에서 불어오는 해풍을 맞으며 나란히 섰다. 떼 지어 날아오르는 갈매기를 바라보며 설렘으로 잠 못 이루던 그때가 아련히 떠올랐다. 눈에서 멀어지면 마음마저 멀어지는 것일까……. 그때 우리는 왜 주저주저하며 사랑한다는 말을 아꼈을까?

　이미 되돌릴 수 없음을 느끼며 쓸쓸히 돌아섰다. 아직 익지 않은 풋과일 같은 나에게 예고 없이 찾아온 만남은 그렇게 허무하게 막을 내렸다.
　비록 진정한 사랑을 몰랐을지언정 나의 스무 살은 내가 살아온 날을 통틀어 가장 눈부시고 아름다운 시절이었다.

소중한 손

　이리저리 낙엽이 휘날리는 스산한 가을날 오후였다.
　운동이나 할 겸 집에서 가까운 초등학교에 갔다. 꼭 운동이 목적이라기보다 산책 삼아 가벼운 마음으로 나온 것이다. 나는 철봉에 매달리기도 하고, 트랩을 따라 천천히 걸었다.
　그날은 운동장에서 자전거에 오른 것이 화근이었다. 사고는 한순간에 일어났다. 남편이 뒤에서 밀어줄 때, 내가 균형을 제대로 잡지 못해 자전거와 함께 넘어지고 말았다. 잠깐의 방심으로 일어난 사고였다.
　급히 병원에 실려 간 나는 2시간여 접합수술을 받았다. 의사 선생님은.
　"손가락 골절 부분과 끊어진 인대를 봉합했습니다. 며칠 동안 입원 치료를 해봐야 결과를 알 수 있을 것 같습니다."
　말하며 수술 경위를 설명해 주었다.
　어설프게 자전거를 타다가 손가락이 골절되었지만, 그나마 다행히 다른 곳은 긁히고 타박상만 입었다. 불과 손가락 두 개를 다쳤을 뿐인데 깁스하고 팔걸이 보호대로 고정했다. 하필 오른쪽 손이라 여간 어색하지 않다. 사지가 멀쩡할 때는 모르고 지내다가 어느 한쪽을 못 쓰게 되자, 이렇게 불편할 줄 몰랐다.
　입원실 병상에 우두커니 앉아 있는 내가 측은하게 보였을까, 같은 병실에 입원해 있는 환자들이 다가와 "그만하기 다행이오." 말하며 음료를 권한다.

  동병상련. 서로 처지를 알기에 위로의 말을 건넸다. 얼마간 시간이 지나 마취에서 깨어나자, 수술한 손가락이 욱신욱신 쑤시고 통증이 몰려왔다.

  몸이 아파 입원하고 있는 환자들은 하루빨리 회복하여 집으로 돌아가고 싶다. 처음에는 환자들과 서먹서먹했으나, 시간이 지나자 금세 친해졌다. 우리는 가져온 음식을 나눠 먹기도 하고 병원 정보를 나누며 시간을 보냈다. 내가 입원한 6인실에는 학교에서 넘어져 팔을 다친 여학생이 있었다. 인사도 잘하고 예뻐서 귀여움을 독차지했다.
  다음 날부터는 어떻게 알았는지 지인들이 찾아왔다. 그동안 내가 병문안 다녔는데 이제 문병을 받아보니 이렇게 고마울 수 없다. 동생들이 왔을 때는 링거 줄을 매달고 휴게실에서 한참 정담을 나누었다. 나를 찾던 간호사는 휴게실까지 와서 링거 관에 주사액을 주입했다.

  입원하고서야 병원에서 간호사가 하는 일이 많다는 것을 알게 되었다. 24시간 교대로 입원실을 들락날락하며 환자를 돌본다. 두드려도 나타나지 않는 혈관을 찾아내어 주사를 놓는가 하면, 체온 맥박 등 환자의 상태를 체크하느라 항상 종종걸음이다.
  특히 그날 수술한 환자는 예의 주시한다. 조금이라도 이상증세가 보이면 즉시 의사에게 알렸다. 몸이 아픈 환자는 얼굴을 찡그리고 통증을 호소한다. 그럴 때마다 웃는 얼굴로 위로한다. 내가 본 간호사들은 오직 환자를 위해 정성을 쏟는 아름다운 천사였다.

  병원에 갇혀 있다 보면 평범한 일상이 얼마나 소중하고 고마운지 새삼 알게 되었다. 어쩌랴, 사는 동안 녹색 신호만 바랄 수 없지 않은가, 붉은 신호에는 잠시 쉬어갈 수밖에 없다.

　나는 한시바삐 답답한 병실을 벗어나고 싶었으나 뜻대로 되지 않았다. 원인은 알 수 없으나 수술 결과가 좋지 않아 재수술했다. 두 번째 수술은 처음보다 훨씬 통증이 심해 고생했다. 밤에는 진통제를 먹고서야 겨우 잠들었다.

　드디어 기다리고, 기다리던 퇴원하는 날이 밝아왔다. 그러나 당분간 통원 치료를 받아야 했다.

　평소에는 자유롭게 사용하던 손을 다쳐보니 새삼스럽게 얼마나 고마운 손인지 알게 되었다. 여태껏 부려먹은 손을 이젠 아끼고 사랑해야지, 다짐하며 다시 한번 손가락을 오므렸다 폈다 해본다…….

봉선화 자매

　오늘따라 꽃샘추위가 매섭다. 쌀쌀한 바람에 온몸을 잔뜩 움츠리며 역 앞 지하도를 건너 양덕 길을 걸었다.
　K 은행 본점 뒤편에 자리 잡은 H 아파트는 5개 동(棟)이 널찍하게 자리 잡고 있다. 이 아파트는 처음 설계할 때부터 다른 아파트와 차별화했다. 각 동 간격의 거리를 넓게 띄워 외관이 확 트이고 건너편 아파트 내부가 보이지 않는다. 단지 일대에는 나무를 많이 심어 산책할 때는 숲속처럼 아늑했다. H 건설사에서 처음 짓는 본보기 아파트라 최선을 다한 것이다.
　우리는 어렵게 아파트에 입주했지만, 행복도 잠깐 다른 곳으로 이사하게 되었다. 노후대책을 한답시고 상가주택을 마련했기 때문이었다.

　오늘은 H 아파트에서 봉선화 자매가 만나는 날이다. 많은 자매가 떠나기는 했으나 이날만은 웬만하면 빠지지 않고 참석하는 편이다. 오랫동안 같은 라인에서 한 집 식구처럼 지낸 옛정을 잊지 못해 매달 모이고 있다. 요즈음은 코로나19로 인해 한동안 얼굴을 보지 못했다.
　우리가 으레 모이는 장소는 505호 회장댁이다. 문을 열자 먼저 온 회원들이 다정한 자매처럼 스스럼없이 반긴다. 우리는 모두 언니 동생으로 통한다.

멤버 중 가장 젊은 윤호 엄마가 뒤늦게 들어왔다. 그는 환하게 웃으며.

"지난주 설악산 갔다가 오징어 사 왔어요"

말하며 보자기를 내려놓는다. 봉선화 자매들이 모일 때는 무엇이든 가져와 조금씩 나누었다. 아무리 작은 것이라도 서로 나누면 온기를 느끼고 정이 들게 마련이다.

요즈음은 누구나 생활에 편리한 아파트를 선호한다. 주택에 살고 있던 나는 아파트에 사는 것이, 가장 큰 꿈이었다. 마침 H 건설에서 700여 세대 분양공고를 보고 청약 신청을 했다. 입주 희망자가 많아 추첨으로 결정했는데 운 좋게 104동 603호에 당첨되었다. 우리의 만남은 그때부터 시작된 셈이었다.

3, 5라인은 같은 엘리베이터를 타고 오르내렸다. 그러다 보니 자연히 친해지고 허물없는 사이가 되었다.

그러나 아파트라고 해서 완벽하지 않았고 이런저런 문제가 발생했다. 특히 층간소음이었다. 언제부터인가 위층에서 밤마다 발소리가 들리고 쿵쿵 울리는 소리가 났다. 그로 인해 잠을 설치기 일쑤였다. 차마 위층에 올라가 항의하지 못하고 속으로 끙끙 앓다가 부녀회장에게 하소연했다.

505호에 사는 부녀회장은 그렇지 않아도 대책을 강구할 예정이라며 나를 다독이었다. 며칠 후 소음을 조심하라는 방송이 나가자 다양한 사례가 쏟아졌다.

그동안 참고 있던 불만이 봇물 터지듯 터진 것이다. 우리가 사는 아래층 503호에서도 고통을 호소하여 깜짝 놀랐다. 그동안 나는 전혀 모르고 있었다.

고맙게도 방송 후 위층 소음은 현저히 줄었다. 우리 가족들도 발끝으로 조심조심 다녔다. 403호는 데리고 있던 외손자가 떠나자 조용해졌지만, 문제는 905호였다. 연년생 꼬마 둘이 워낙 개

구쟁이였다.

아래층에는 공직에서 은퇴한 할머니가 살고 있었다. 오죽하면 소음을 견디지 못하고 이사할 생각까지 했을까.

아이 엄마는 거실에 매트리스를 깔고 두꺼운 덧버선도 신겼다. 그리고 수시로 찾아가 과일이나 음료를 대접하며 양해를 구했다. 이를 계기로 봉선화 모임이 만들어졌다. 우리는 정기적으로 모여 쓰레기 처리 방음 등 크고 작은 문제를 스스로 해결해 나갔다. 봉선화는 톡톡 튀는 회장의 별명이다.

모처럼 모인 우리는 삥 둘러앉아 이야기꽃을 피웠다. 내가 905호 아래층 할머니 근황을 물었다.

"지금은 돌아가셨지만 정말 고마운 할머니였어요. 제발 살살 다니라고 항상 좋은 말로 아이들을 타일렀습니다."

말하며 애석해했다.

층간소음으로 인한 갈등은 갈수록 심각하다. 심지어 생명까지 잃는 불상사가 발생하는 뉴스도 들렸다.

이제 봉선화 자매들이 헤어질 시간이다. 우리들의 왕언니이자 회장님은 불룩한 쇼핑백을 하나씩 안긴다. 마치 친정어머니처럼 모일 때마다 이것저것 아낌없이 내어주셨다. 아쉽지만 우리는 다음 만날 날을 기약하며 아파트를 나섰다.

(2021년 10월)

©서정애

세 자매

드디어 세 자매가 만나는 날이 다가왔다.
태어나고 처음 셋이 모여 여행을 떠나게 되었다. 먼저 마산에서 출발한 내가 해운대역에서 부산 동생을 만나고, 울산역에서 막내 아우와 합류했다. 우리는 예정대로 중앙선 열차에 올랐다.
차창에서 바라보는 산야는 한적하고 평화롭다. 가을을 맞이한 계곡에는 울긋불긋 단풍이 들고, 추수하는 농부의 손길이 분주하다. 여행에서 즐거움은 목적지가 아니라 낯선 곳으로 떠나는 소소한 여정일지도 모른다.
영주역에 도착해 늦은 점심을 먹고 부석사로 향했다. 바위가 떠 있다는 부석사는 많은 보물을 보유하고 있었다. 이 사찰이 특이한 것은 입구의 안양문이나 아미타불을 모시고 있는 무량수전은 극락세계를 뜻한다고 한다. 경내를 둘러본 우리는 노란 은행잎이 수북이 쌓인 벤치에 앉았다.
"언니! 은행 폭탄 날아가요."
막내가 은행잎을 하늘 높이 뿌려댔다. 휘날리는 은행잎을 덮어쓰고 사진을 찍었다. 셋이서 웃고 떠들다 보니 어느새 서쪽 하늘이 붉게 물들었다. 영주는 은행나무와 저녁노을이 아름답기로 소문나 있다.
저녁은 칠향계찜을 먹었다. 칠향계찜은 영주에서 별미로 꼽히고 있다. 이 지역 특산품 인삼을 비롯해 일곱 가지 한약재를 넣어

풍미를 돋운다. 두둑하게 배를 채우고 가까운 숙소를 향해 걸었다. 마중 나온 달님이 팔짱을 끼고 정답게 걸어가는 우리를 환하게 비춰 주었다.

밤에는 기온이 뚝 떨어져 뜨끈한 방이 좋았다. 훈훈한 온돌방에서 지난 이야기들이 술술 나왔다. 부산 동생이 먼저 말을 꺼냈다.

"언니, 내가 어릴 때 불낸 적 있지? 똑똑히 기억나. 아궁이에 조금씩 솔 갈비를 집어넣고 불을 때는 게 답답해 아궁이에서 나뭇단까지 쭉 연결했었지."

엉뚱한 짓을 해서 부엌 옆 창고까지 불이 번져 큰불이 날 뻔했었다.

동생은 생각이 깊고 영리한 아이였다. 공부도 잘했지만, 디테일하고 정이 많았다. 오늘 나들이도 동생이 치밀하게 계획을 세워 이루어졌다. 여태껏 내색하지 안 했지만, 정말 언니 같은 동생이다.

이번에는 막냇동생이 나섰다.

"나는 어릴 때 언니들 옆에서 놀다가 얼마나 같이 자고 싶었는지 몰라 베개를 들고 방문 앞에 서면 할머니 방에 가! 큰 언니가 그랬을 때는 서러워서 훌쩍훌쩍 울었던 기억을 잊을 수 없어요."

막내보다 9살 많은 나는 큰 언니랍시고 갑질을 많이도 했던 것 같다.

울산 동생 이야기는 계속 이어졌다.

"우리 집은 토마토를 많이 재배했었다. 몰래 한 광주리 가져가서 피아노 선생님에게 이값만큼만 가르쳐 달라고 졸라대던 생각이 나요. 어린 마음에 꼭 피아노를 배우고 싶었답니다"

말하며 간절한 소원을 이루지 못한 한을 풀어냈다. 막내는 노래를 잘 부르고 춤도 예쁘게 추었다. 매사에 긍정적이며 항상 웃는 얼굴이다. 그래서인지 요즈음 구연동화를 하면서 이야기 할머니로 인기 짱이다.

"큰언니! 나는 뭐든 큰 언니 따라 하려고 항상 노력했어."
"나는 늘씬한 언니가 항상 부러웠어."
부산 동생도 거든다.

여름밤 모깃불을 피우고 할머니가 들려주는 북두칠성 이야기를 들었다. 집에서 내려다본 쪽빛 바다가 지금도 눈에 선하다. 2016년 가을밤은 점점 깊어가고, 우리 이야기는 꼬리를 물고 끊임없이 이어졌다.

어쩌면 조물주는 공평한지도 모른다. 한 몸에서 태어나도, 동생이 가지고 있는 능력은 내게 없다. 반면 내가 가지고 있는 능력은 동생들에게는 없는 것 같다.

늦은 아침을 먹고 수동리 전통마을로 길을 나섰다. 한들한들 코스모스가 우리를 반기고 가을하늘은 거울처럼 맑다. 우리 셋은 몸을 낮추어 외나무다리를 조심조심 걸었다. 오금이 저리고 무서웠다. 무섬은 무서움을 줄인 말이다.

무섬 다리를 건너면 수도리 전통마을에 다다른다. 내성천 맑은 물이 휘감아 흐르는 이 마을은 곳곳에 고택과 정자가 많았다. 이 골목 저 골목을 기웃거리다가 다리도 쉴 겸 부침개를 먹었다. 고소한 파전이 먹을만했다.

강변에 반짝이는 은모래를 바라보면서 문득 떠오르는 박영우 님의「무섬 다리」글을 옮겨봤다.

    내 사랑이 그리운 날엔, 무섬에 가야 한다./그곳에서 나를 보리라.
    눈꽃은 어떻게 망울마다./깊은 한숨을 담아내는지./
    응어리진 가슴을 녹여내는지./무섬에 가서 찾아야 한다./ – 중략

불투명한 미래에 부대끼면서도 열심히 살아왔다. 가끔은 한 마리 새가 되어 무한한 창공을 자유롭게 날아가고 싶을 때도 있었

다. 그럴 때마다 동생들이 있었기에 시름을 잊을 수 있었다.

  모처럼 맑고 순수했던 소중한 추억을 꺼냈다가 다시 가슴 깊이 고이 간직했다. 떠나는 길까지 따라오는 스산한 가을바람이 머플러를 날린다.

  이제 각자의 일상으로 돌아가야 한다. 짧은 만남이 아쉽지만 세 자매는 훗날을 기약하며 잡았던 손을 놓고 돌아섰다.

  (2018년 4월)

찹쌀떡 온정

코로나19 팬데믹으로 지쳐있을 때 기쁜 소식을 접했다.

항상 온정을 베푸는 김숙자 선생이 2021년 올해의 봉사 왕으로 선정된 것이다. TV에서 사회자와 대담하는 선생의 표정은 변함없이 조용하고 찬찬했다. 몇 년 전에도 전국에서 권위 있는 코오롱 봉사대상을 받은 적이 있다.

작년에는 경남 시사 교양 포럼에 출연하여 "배려와 나눔"을 주제로 강의를 한 적이 있었다. 그는 오랫동안 거동이 불편한 장애우들의 손발이 되어 주었다. 그리고 외로운 노인의 몸을 씻어주며, 생일상을 차려준 이야기를 조곤조곤 이어나갔다. 청중들은 김숙자 선생의 이야기를 들으며 눈시울을 적셨다.

포럼이 성황리에 끝나고 저녁 자리를 마련했다. 남편이 포럼 대표였기에 감사한 마음으로 부부를 초대한 것이다. 그는 대화 중에도 시종일관 겸손하고 말을 아꼈다. 곁에서 묵묵히 아내를 도와주는 부군께서 말했다.

"봉사대상으로 받은 3천만 원으로 생일 음식, 선물 등 경비로 충당하고 있습니다."

라고 털어놨다. 듣고 보니 여유 있는 생활을 하며 불우한 사람들을 도와주고 있는 것이 아니었다. 하기는 넉넉한 사람들은 가난이 얼마나 혹독한지 모를 것이다.

오직 봉사, 외길을 걷고 있는 이런 분이야말로, 세상을 살맛 나게 하는 빛과 소금일 것이다.
 나는 중학교 다닐 때 처음 구세군 자선냄비에 성금을 넣은 적이 있었다.
 "불우한 이웃을 도웁시다."
 외치며 딸랑딸랑 울리는 종소리에 이끌려 푼돈이나마 이웃돕기를 경험했다. 기다리던 겨울방학이 시작되면 괜히 마음이 들띠서 추운 줄도 모르고 거리를 쏘다녔다 잘 꾸민 크리스마스트리에는 꼬마전구가 반짝이고 울려 퍼지는 성탄절 캐럴이 어린 마음을 부추겼다.

 우체국에 근무할 때였다. 우체국 뒤편, 희망원 아이들이 추위에 떨고 있었다. 측은한 생각이 들어 간식으로 나오는 빵과 우유를 몇 번 나누어주었다. 이 광경을 우연히 동료가 목격하고 사무실에 퍼뜨렸다. 직원들의 시선이 내게 쏠리며 착한 일을 했다고 입을 모아 칭찬했다. 나는 난처해서 얼굴이 붉어졌지만, 한편으로 우쭐하기도 했다.
 이 일이 계기가 되어 여직원 4명이 불우이웃돕기 성금을 모으기로 의기투합했다. 〈뜻이 있는 곳에 길이 있다〉 그랬다. 열정이 있는 곳에 불가능은 없었다. 우리는 큰 기대를 걸고 큼직한 성금함을 창구 앞에 내놓았다. 그러나 예상과 달리 반응이 영 미지근했다.
 그러자 매사에 성격이 똑 부러진 명희가 나서서.
 "이런 방법으로는 성금을 모을 수 없다. 기왕에 시작했으니 찹쌀떡을 팔아보자"
 라고 새로운 제안을 했다. 다음날부터 우리는 예쁘게 꽃단장을 하고 미소 작전으로 찹쌀떡을 팔았다. 졸지에 성냥팔이 소녀가 아닌, 찹쌀떡 파는 소녀로 변신한 것이다.
 되돌아보면 부끄럽고 얼굴이 화끈거리지만, 그때는 창피한 줄도 모르고 부지런히 성금을 모았다. 아니 모은 것이 아니라 앵벌이처럼 애걸복걸하며 벌었다. 때로는 반강제로 찹쌀떡을 떠맡기기도 했었다.

경애와 성숙이는 우체국과 거래하는 상업은행에 가서 넉살 좋게 찹쌀떡을 팔았다. 영문을 모르는 행원들은 떠돌이 행상으로 오해했던 웃지 못할 해프닝도 있었다. 지성이면 감천이었을까?

보다 못한 남자직원들이 발 벗고 나서서 도와주었다. 결과는 대성공이었다. 어느 정도 돈이 모이자 시청복지과에 문의하여 도울 방법을 찾았다.

놀랍게도 도움이 절실한 가정이 한집, 두 집이 아니었다. 그에 비해 모금액은 턱없이 모자랐다. 고민 끝에 가구별로 백미 40kg을 십여 곳에 전달했다. 뒤늦게 이 사실을 알게 된 국장님께서 특별히 봉투 하나를 건네주셨다.

뛸 듯이 기쁜 우리는 국장님이 주신 성금으로 떡과 과일을 정성껏 포장했다. 이렇게 준비한 우리는 빨간 산타 모자를 쓰고 보육원, 양로원 등에 다니며 선물을 나누어주었다.

특히 희망원에 들어서자 원생들이 우르르 몰려나와 "누나" "누나" 부르며 손을 잡고 매달렸다. 우리는 선물을 나누어주고 다 함께 어울려 징글벨, 고요한 밤 등을 부르며 즐거운 성탄을 축하했다.

부모를 잃은 불쌍한 아이들이었다. 정에 굶주린 아이들의 해맑은 웃음소리, 똘똘한 눈망울을 잊을 수 없다. 그해 외로운 아이들은 즐거운 크리스마스가 되었을 것이다.

우리의 작은 나눔이 소외되고 외로운 이에게 조금이라도 위안이 되기 바랬다. 그러나 되레 좋은 일을 했다는 뿌듯함에 내가 더 만족했다. 어쩌면 잠시 천사라도 된 듯, 착각하지는 않았을까? 어쩐지 쑥스럽고 민망하다. 그래도 신나고 보람찬 연말이었다.

너무 자신만을 위하려 하지 말자. 조금 손해 본다는 너그러운 마음으로 세상을 바라보자. 아직은 가슴이 따뜻한 사람들이 많이 있다. 그들이 있기에 살만한 세상이 아닌가…….

지금도 꿈꾸는 그곳

　아침 햇살에 황금빛으로 물든 진해 앞바다는 호수처럼 잔잔하다. 성냥갑처럼 자그마한 통통배가 푸른 연기를 내뿜으며 물살을 가른다. 만선의 깃발을 올리고 부두로 돌아오고 있는 정경이 한 폭의 그림 같다.
　우리 집은 진해 광석골 자락에 있었다. 대문을 나서면 눈에 보이는 넓은 땅이 할아버지의 논밭이었다. 나는 아침 먹을 때가 되면,
　"하알 부지　하알 부지"
　넓은 들판을 향해 목청껏 고함을 질렀다. 지나가는 아이들이 할부지를 따라 부르며 킥킥거렸다.
　"어허, 그래 알았다."
　안개 속에 우렁우렁 목소리가 들리고, 어깨에 삽을 울러 매고 걸어오는 모습이 보였다. 그 모습은 마치 승전고를 울리며 귀향하는 김유신 장군처럼 당당했다.

　정명수(鄭命守) 할아버지는 가난한 소작농 아들로 태어났다. 아무리 열심히 농사를 지어도 겨우 입에 풀칠이나 할 뿐, 도저히 가난을 벗어날 수 없었다. 그는 고민에 빠졌다. '가난은 결코 타고난 숙명이 아니다. 나는 반드시 내 땅을 일구고 떵떵거리며 살 것이다.'

마음을 굳힌 그는 관부연락선을 타고 일본으로 떠났다. 처음에는 무슨 일이든 닥치는 대로 일하며, 몸을 아끼지 않았다. 튼튼한 체격에 성실했던 명수 청년은 건설 현장에서 십장까지 오르며 착실히 돈을 모았다.

요즈음은 우리나라에서도 사정은 비슷하다. 조선족이나 동남아인들이 한국에서 일 년여 일하면 웬만한 집 한 채 값을 벌 수 있다고 한다.

할아버지는 3년여 만에 묵직한 가방을 들고 귀국했다. 낯선 타국에서 노력한 보람으로 큰돈을 모아 돌아온 것이다. 그 돈으로 아낌없이 토지를 사들였다.

할아버지는 첫 손녀인 나를 무척 귀여워하셨다. 그렇지만 속으로는 고추가 달린 손자를 원했을 것이다. 우리 집은 다른 집에 비해 식구가 많았다. 할아버지 할머니, 아빠 엄마, 그리고 동생 다섯, 일꾼들까지 열 명이 넘었다. 이렇게 많은 식구가 대청마루에서 밥을 먹었다.

할아버지는 왜 대청마루를 넓게 놓았을까. 나는 마루를 훔칠 때마다 너무 힘이 들어 불평해 댔다. 그러나 많은 식구가 불편하게 살지 않도록 배려한 것이었다. 우리 집은 300여 평 대지에 ㄷ자 모양의 큰집이었다. 처음부터 삼불암 아래 넓은 곳에 터를 잡았다.

집 뒤에는 울창한 대나무 숲이었다. 뒷산에서 "캥캥—" 음산한 여우 울음소리가 밤마다 들렸다. 스르륵 스르륵 대숲을 스치는 바람 소리가 무서웠다. 나는 겁이 나서 이불을 뒤집어쓰고 오들오들 떨었다.

나는 동네에서 한참 떨어진 외딴집이 싫었다. 같이 놀아줄 친구가 없어 늘 외로웠다. 밤에는 변소에 혼자 갈 수 없어 동생을 데리고 다녔다.

내 딴에는 골똘히 생각했다. '어떻게 하면 우리도 저 아래 동네에 내려가서 살 수 있을까? 그래 맞다! 그렇게 하면 되겠구나. 곳간에 있는 노란 콩을 마당에 부어놓고 우리 집을 밀고 내려가면 되겠다.'

"할아버지 마당에 콩 깔아서 저 아래로 이사 가요"

라고 다음날 말하자 온 가족이 박장대소를 했다. 할아버지는,

"그래, 그래 우리 손녀가 영리하구나."

말하며 꼬옥 안아 주셨다.

낮에 집이 텅텅 비면 우리는 사랑방을 기웃거렸다. 사랑방에는 사탕이나, 먹을 것이 많았기 때문이다. 집게발로 손을 뻗어도 벽장위에 손이 닿지 않았다. 동생을 엎드리게 하고, 그 위에 베개를 놓고서야 겨우 사탕을 꺼내 먹을 수 있었다. 맛을 본 우리는 곶감도, 유과도, 야금야금 먹어 치웠다. 그러나 꼬리가 길면 밟히게 마련이다.

며칠 후 "요놈들이 할애비 방에 들어온 인쥐였구나." 하시며 우리 엉덩이를 톡톡 두드렸다. 그러면서 귀여운 듯 "허허허-" 너털웃음을 웃으셨다.

6월이 되면 며칠 동안 보리타작이 이어졌다. 할아버지는 보리타작을 하다가 출출하면 막걸리로 목을 축였다. 수시로 부엌에 들어와 막걸리를 마셨는데 그날은 미처 술을 걸러 놓지 못했다. 그러자 술인 줄 알고, 숭늉 끓일 뜨물을 쭈-욱 들이키고는 트림을 "커억!" 하셨다. 내가 깜짝 놀라,

"할아버지 그건……."

"어, 그래? 괜찮다. 어쩐지 삼삼하기는 했다만."

나는 하도 우스워 배꼽이 빠지는 줄 알았다.

할아버지는 우리가 학교에 입학하면 책상을 마련해 주고 공부

할 때면 식구들을 얼씬 못 하게 했다. 자신이 못다 한, 한을 우리에게나마 풀었을 것이다.

나는 어느덧 중학생이 되었다. 단발머리에 하얀 카라가 눈부신 교복을 처음 입었다.

"이 세상에서 내 손녀가 제일 예쁘다, 예쁘다."

하시며 토닥여주시던 정 많은 할아버지였다.

그는 농사밖에 모르는 전형적인 농부였다. 대궐처럼 크게 집을 짓고 집 앞에 논밭을 사모아 평생 농사만 지었다. 일생을 두고 가슴에 품었던 부농의 꿈을 번듯하게 이룬 것이다.

그 품속에 자란 나는 할아버지 나라의 공주였을까? 아니면 푸른 동산에 뛰노는 행복한 꽃사슴이었는지도 모른다.

애석하게도 〈지금도 꿈꾸는 그곳〉은 진해 구청이 들어서서 옛 흔적을 찾을 수 없다. 목청껏 할부지를 부르던 그때가 마냥 그립다.

내달은 할아버지 기일이다. 올해는 당신이 즐겨 마시던 막걸리 한 사발을 제사상에 올려야겠다. 파란 병에 담긴 생탁이 할아버지 입맛에 맞을지 궁금하다.

©서정애

해후 邂逅

　오랜만에 여고 때 단짝이었던 넷이 의기투합했다. 우리는 4월 마지막 일요일 12시쯤, 대전역대합실에서 만나기로 약속했다. 대전은 교통이 편리해 전국 어디서나 편하게 오 갈 수 있다.
　오늘은 나들이하기에 딱 좋은 날이다. 푸른 하늘이 눈부시고 일찍 핀 빨간 장미가 탐스럽다. 나는 마산역에서 예약한 열차에 올랐다. 무심한 세월은 차창을 스쳐 가는 풍경보다 더 날 새게 달려간다. 그동안 잊고 있었던 친구들은 얼마나 변했을까? 단박에 알아볼 수는 있을까? 파릇파릇, 피어나던 앳된 얼굴을 하나하나 떠올려본다. 아마도 지금은 누구의 아내로, 어머니로, 그리고 할머니로 변해있을 것이다.
　대전역대합실에 들어서서 두리번거리고 있으니 "너, 문자지?" 먼저 와 있던 수진이가 나를 알아보고 눈물을 글썽인다. 예산에서 일찍 나섰던 모양이다. 연이어 성희는 양산에서, 부산에서 숙희가 비슷한 시간에 도착했다.
　몇 년 만인가, 우리는 기쁨에 들떠 꼬옥 안으며 깡충깡충 뛰었다. 대전역대합실은 잠시 만남의 광장이 되었다.

　역에서 빠져나온 우리는 으능정 거리에 들어섰다. 인파로 붐비는 좁은 길에는 볼거리, 먹을거리가 많았다. 추억의 찐빵을 먹으며 이곳저곳을 기웃거렸다. 성희가 목적교 입구에서 택시 기사와 능숙한 솜씨로 흥정하더니 손짓을 한다. 성희는 언제나 우리를 모으고 앞장서서 일을 저질렀다.

성희 집 이층은 우리가 모이는 아지트였다. 그때는 매일 어울려 참새처럼 재잘거리며 쏘다녔다. 다 큰 기집애들이 밤늦게 돌아다닌다고 엄마한테 꾸지람도 많이 들었다.

성희가 택시를 전세 내어 대전이 자랑하는 오월드로 향했다. 이곳은 한마디로 입이 쩍 벌어질 만큼 넓고 아름다웠다. 빛과 물이 꽃과 어울려 연출하는 플라워랜드였다. 급할 것 없이 느긋하게 쉬어가며 구경했다. 날이 저물어 밖으로 나오자, 기사님이 강력히 추천하는 맛집에서 배를 채우고 유성온천으로 향했다. 태종임금이 왕림했다는 유성온천은 전국에서 으뜸으로 친다. 뜨끈한 온천물에 피로를 푼 우리는 널찍한 온돌방에 모여 옛이야기에 푹 빠졌다.

숙희가 빛바랜 흑백사진을 여러 장 챙겨 왔다. 숙희는 반에서 그림을 제일 잘 그렸다. 사진 속에는 교복을 입고 학교 정문에서 찍은 사진도 있고, 활짝 핀 벚나무 앞에서 웃고 있는 사진도 있다. 꽃보다 우리가 더 예쁘게 보였다.

합창하는 사진 속에는 내 얼굴이 조그맣게 보인다. 합창단에서 여러 곡을 불렀지만, 그중에 「그 집 앞」이 잊히지 않는다. 잔디밭에 엎드려 턱을 고이고 있는 익살스러운 수진이 표정에 모두 들 웃음보가 터졌다.

우리가 여고생이던 1960년대는 교내에 사진사가 항상 대기하고 있었다. 요즈음은 스마트폰으로 언제든지 사진을 찍을 수 있으니 얼마나 좋은가.

그때 우리 학교는 여고와 여중이 담벼락 하나를 사이에 두고 나란히 붙어 있었다. 담벼락 따라 뻗어가는 보라색 등꽃은 지금도 피고 있을까? 학교 뒤 양어장에는 황소만 한 잉어가 여전히 몰려

다니고 있는지 보고 싶다.

　4·19혁명이 일어났을 때는 깃발을 들고 진해역, 육대 앞을 지나 신촌까지 행진했다. 갓 입학한 우리는 선배들의 선창에 목이 쉬도록 "독재 타도!"를 외쳤다. 수학 시간에 어려운 미적분보다 소월의 시 「진달래꽃」이 좋았고, 양주동의 「조선의 맥박」을 낭독하던 국어 시간이 좋았다.

　내가 교내 백일장에 나가 입선한 적이 있었다. 어설프게 쓴 글이 상을 받게 되어 한동안 우쭐하기도 했다.

　형편이 어려운 친구를 돕겠다고 엉뚱한 짓을 한 적이 있다. 성희의 진두지휘로 고구마를 캐서 갖다주고, 집에 있는 쌀도 퍼다 줬다. 금세 들통이 나서 눈물이 찔끔 날 만큼 혼이 났다. 집에서는 꾸중을 들었지만, 선생님은 도리어 착한 일을 했다고 칭찬하셨다. 그날 성희는.

　"너희들 내 덕택에 염라대왕이 좋은 곳으로 보내 줄 거다."

　하는 말에 모두 배꼽을 잡고 웃었다.

　졸리면 자다가 떠드는 소리에 다시 일어나 수다를 떨다 보니, 어느새 희붐하게 날이 밝았다. 느지막이 아침을 먹고 엑스포 공원으로 향했다. 여기는 1993년 세계박람회가 열려 신기한 우주 체험을 했던 곳이다. 박람회를 기념하는 상징탑에 오르니 더 넓은 한밭 정경이 한눈에 들어왔다.

　우리 일행은 다시 으능정이 거리로 돌아와 어제 주문했던 금속 팔찌를 기념으로 하나씩 가졌다. 이제 각자 집으로 돌아갈 시간이 다가왔다. 막상 헤어지려니, 노루 꼬리만큼 짧았던 해후가 무척 아쉽다.

　단발머리 소녀 시절에는 시인이 되고 싶었고, 화가가 되겠다는 꿈을 꾸었다. 꼭 무엇이 되고 안 되고는 중요하지 않다. 비록 꿈을 이루지 못하고 평범하게 살아왔지만, 이렇게나마 지금껏 살아온 그 자체로 실패한 삶은 아닐 것이다.
  소중했던 우리들의 만남은 반복되는 일상에서 잠시 맛본 달콤한 기쁨이었다.

작은 우주

6월은 단단하고 새파란 매실이 나오는 계절이다. 나는 몸에 좋은 매실을 장아찌도 만들고 매실청을 우려내어 일 년 내내 먹는다.

먼저 독소가 있는 매실 씨는 번거로워도 일일이 뺀다. 절인 장아찌는 설탕을 적게 넣는 대신 소주를 약간 붓고, 고추장에 버무린다. 이렇게 버무린 매실을 밀봉해 두면 숙성되어 새콤달콤한 장아찌 맛이 난다. 반면 매실청은 매실과 설탕을 1:1로 섞은 후 몇 달 동안 숙성이 되도록 기다려야 먹을 수 있다.

군침이 도는 장아찌를 밀폐 용기에 담아 아래층 새댁에게 갖다 주었다. 새댁이 요리 솜씨가 좋아 종종 별식을 주곤 해서 맛이나 보라고 준 것이다.

이튿날 큰 접시에 수박을 듬뿍 썰어왔다.

"장아찌 먹고 입맛이 돌아왔어요. 맛있게 익있더군요."

"호호호." 웃으며 호들갑을 떤다. 왠지 듣기 싫지는 않다.

우리는 주방에 앉아 수박을 먹으며 이런저런 이야기를 나눴다.

"시어머님 오셨어?"

내가 물었다.

"예, 며칠 전에 왔다가 오늘 아침에 가셨어요. 어머님 때문에 속상해요. 아이가 버쩍 말랐다고 깨죽을 끓였어요. 그런데 입안에 넣어 식혔다가 아이에게 먹이는 거예요."

말하며, 오만상을 찡그렸다.

새댁의 하소연을 들보면, 역시 신세대 엄마는 다르구나, 하는 것을 느꼈다. 내 아이는 내가 가장 위생적이고 영양 만점 음식을 먹이겠다는 데는 할 말이 없다. 요즈음 젊은 엄마들은 사회지식이 풍부하고 다양한 정보를 공유하고 있으니, 일면 이해가 가기는 했다.

어영부영 응대하며 보내놓고 생각하니 만시지탄이다. 우리가 자랄 때는 할머니 입에 들어있는 음식을 예사로 받아먹었다.

엄마 손을 잡고 외갓집에 가면 약병아리를 고와서 주셨다. 할머니는 숟가락을 쥐여주며 많이 먹으라고 채근이었다. 그러나 이갈이 할 때라 고기를 씹기는 어려웠다. 보다 못한 할머니는 자근자근 씹어 내 입에 넣어 주었다. 그때 먹여주신 음식 속에는 할머니 정이 고스란히 녹아있었을 것이다.

배 곯던 시절에는 아이들 배불리 먹이는 일이 가장 큰 소원이었다. 당신은 굶어도 귀하디귀한 내 손주를 위해 밥 한술이라도 더 먹이려던 시절이었다.

여름밤 모깃불을 피워놓고 할머니가 들려주던 황새 이야기가 떠오른다. 황새는 한번 짝을 지으면 평생 해로한다고 한다.

새끼를 기를 때는 수컷과 암컷이 번갈아 가며 먹이를 물어오는데 둥지에 돌아와 토한 뒤 새끼들에게 골고루 먹인다.

황새의 또 다른 특징은 효를 행한다는 점이다. 어미 새는 나이가 들면 먹이활동을 못 하게 된다. 이럴 때는 부모 새에게 먹이를 물어주는가 하면, 밤에는 자신의 날개로 보호한다고 알려져 있다. 만물의 영장이라는 인간이 황새에게 배워야 할 덕목이 아닐까 한다.

근년 들어 아이들이 아토피에 시달리고 있다. 주로 겨드랑이나 사타구니 부위에 가려서 긁으면 벌겋게 부어오른다. 고통받는 아이를 곁에서 지켜보는 부모는 애가 타서 안절부절못하지만, 아직 특효약은 없는 실정이다. 원인은 환경적 요인이나 면역력 부족 등으로 알려져 있을 뿐이다.

나는 아토피라는 병을 모르고 자랐다. 어릴 때는 산과 들이 놀이터였다. 냇가에 멱감으며 그 물을 마셨고 흙 묻은 감을 주워 먹으며 자랐다. 사실 여부는 모르지만 거친 음식이 도리어 위장을 튼튼하게 하고 저항력이 형성된다는 학설이 있다.

그리고 할머니 입속에서 나온 음식 속에는 체하지 말라는 살가운 정이 묻어있는지도 모른다. 실제로 침 속에는 면역력을 높이고 소화력이 강한 성분이 들어있다는 말도 있다. 물론 비위생적이라는 것은 나도 알고 있다. 헬리코박터균 인가 뭔가 하는 균이 옮을 수도 있지만, 아이들은 헬리코박터균이 쉽게 감염되지 않는다고 알려져 있다.

황새가 목에서 토해 새끼들에게 먹이는 행위가 그저 예사로운 행위일까? 할머니 체액이 섞인 음식을 입에 넣어 주는 정성이 꼭 불결하기만 할까?

반드시 그렇지는 않을 것이다. 영물 황새나 할머니가 하는 행동에는 우리가 알지 못하는 과학이 숨이있을지도 모른다.

인체는 작은 우주이다.

깨끗한 피부, 부드러운 음식만 먹인다고 해서, 건강해진다는 보장은 없다. 소중한 내 아이를 어떻게 키워야 하는지, 신세대 엄마들은 고민해야 할 것이다.

한 올의 정성

　일본에 거주하고 있는 고모님이 잠시 귀국하셨다.
　여든을 바라보는 고령이지만 허리가 꼿꼿하고 걸음걸이가 반듯하다. 반백 머리가 불빛에 반짝이고 은은한 진주 귀고리가 노부인의 우아한 풍모를 돋보이게 했다. 고모님은 재일교포와 결혼하였으나 고모부는 일찍 세상을 떠나 홀몸이 되었다.
　고모님은 내가 주단, 포목점을 한다는 얘기를 듣고 시장에 들렀다. 알록달록한 옷감을 둘러보시고 마음에 드는 한복을 몇 벌 주문했다.
　먼저 결이 고운 삼베 한복을 원했다. 삼베는 속살이 훤히 보이는 모시와 달리 비칠 염려도 없고 살갗에 닿는 촉감이 까슬까슬하다. 여러 곳에서 삼베를 생산하지만 그중 안동에서 나오는 삼베가 품질이 가장 우수했다. 지금도 안동포 명인들이 섬세한 손길로 명맥을 이어오고 있다.
　저고리를 지을 때는 진동 어름이 잘 맞아야 입었을 때 편하다. 앞 도련선은 기울 듯 내리고 끝 선에서는 버선코처럼 살짝 올린다. 나이가 지긋한 중년의 소매는 여유가 있고 약간 동그랗게 만든다. 뭐니 뭐니 해도 저고리는, 깃이 제자리에 정확히 놓여야 예쁘다.
　폭이 좁은 삼베는 보통 8폭 치마지만, 훤칠하고 여유로운 몸에는 한 폭을 더하기도 한다. 치마의 말기는 주로 흰 무명을 달지만, 고모님 옷은 특별히 제천으로 말기를 달았다.

 두 번째는 모시옷을 만들었다. 모시는 널리 알려진 데로 충남 서천군 한산에서 짠 모시를 으뜸으로 친다. 한산모시는 모시의 대명사처럼 최고의 품질을 자랑한다. "세모시 옥색 치마--"노래의 세모시는 수십 번 가다듬어 길쌈한 얼세가 넘는 고운 모시를 뜻한다.
 베틀에서 금방 짠 생모시는 만지면 뻣뻣하다. 연둣빛 기운이 살짝 도는 생모시를 도토리나무를 태운 잿물에 담그면 비로소 노르스름한 색깔이 살아난다고 한다. 옛날부터 내려오는 조상님의 지혜이다. 모시는 매임(흠)을 주의해야 한다. 아무리 고급 비단이라도 흠이 없을 수 없듯, 모시 또한, 매임이 더러 있다. 모시옷은 다른 옷과 달리 한올 한올, 정성을 기울여야 비로소 반듯하고 맵시 있는 옷이 탄생한다.
 통상 모시 저고리는 고름을 달지 않고 매듭단추를 달아 단출하게 입는다. 그러나 행세깨나 하는 옛 마나님들은 잠자리 날개 같은, 고름을 날리며 멋을 내기도 했었다. 더운 여름날 모시옷을 입고 나서면 사람들의 이목이 쏠린다. 모시옷은 바느질하기도 입기도 손질하기도 번거롭지만 그만큼 시원하고 품위 있는 우리 옷이다.

 고모님은 추울 때 입고 나갈 명주로 짠 도톰한 양단 옷과 두루마기를 만들어 달라고 부탁했다. 한국 온 김에 철 따라 입을 한복을 갖출 예정이었다. 겨울옷이나 두루마기는 시접을 넉넉하게 두어 몸의 변화에 따라 늘리고, 줄일 수 있도록 융통을 부렸다. 특히 두루마기는 저고리와 겹치지 않도록 품이나 소매통을 넓게 만들었다.
 안동포나 세모시는 이음새가 깔끔한 깎기 바느질한다. 그에 비해 겨울에 입는 양단은 비교적 쉬운 물겹 바느질이다. 소매는 배부른 붕어 배래로 여유를 주었고 깃 고름 끝동은 작은 꽃을 수놓았다. 연세가 많아도 밋밋하지 않고 산뜻하게 입으시라고, 수를 놓은 것이다. 고급옷은 손으로 수를 놓기도 했다.

고모님이 원하는 한복을 완성한 다음 속옷과 장신구를 준비했다. 속적삼 속바지 속치마 버선 등을 준비했다. 그 밖에 치마 원단으로 만든 손가방 꽃신 칠보 노리개를 챙겼다. 곁들여 머리에 쓰는 아얌, 어깨를 감싸는 숄까지 모두 갖췄다. "후유--" 어지간히 챙길 것도 많다.

옛 여인들은 어떻게 일일이 갖춰 입었을까? 내가 한복가게를 하고 있지만, 의구심이 든다. 가지 수도 많고 입기도 까다롭지만 제대로 갖춰 입으면 우리 옷만큼 아름다운 옷은 없다.

나는 정성을 다해 한복을 짓기는 했지만, 고모님이 마음에 들어 하실지 걱정이 되었다. 고모님은 지어놓은 옷을 모두 입어본 후, 매우 흡족한 듯 얼굴 가득 미소를 짓는다. 다행이다.

"질부는 손끝이 맵고 솜씨가 여간 아니네. 공들여 만든 한복을 두고두고 잘 입을게."

하시며 내 어깨를 다독여 주었다.

고모는 낯선 이국땅에서 떠나온 고향을 잊을 수 없었다. 그럴 때마다 한복을 곱게 차려입은 어머니 모습이 떠올랐을 것이다.

몇 년 후 일본에서 고모님이 별세했다는 부음을 들었다. 고종 동생이 전하는 말에 의하면, 수의 대신 생전에 즐겨 입던 안동포 치마저고리를 입혀 드렸다고 한다. 옷을 지을 때 내색은 하지 않았으나, 고모님은 마음속으로 그렇게 할 의도하지 않았을까? 하는 생각이 들었다.

아무리 외국에 오래 살아도 피는 속일 수 없다. 그나마 우리 옷을 입고 세상을 떠나 다행이다. 이역 땅에서 평생, 고국을 그리워하던 고모님! 이제 모든 시름 잊으시고 평안히 영면하시기 바랍니다.

엄마의 향기

　남녘에서 훈풍이 불어오면 양지바른 언덕에는 아지랑이가 피어오른다.
　혹한을 이겨낸 냉이, 달래는 오손도손 모여 따스한 햇볕을 쬐고 있었다. 뒷산에 오르면 파릇파릇 쑥 순이 고개를 내밀고 봄을 맞이한다.
　나물 캐는 엄마 뒤를 쫄랑쫄랑 따라갈 때였다. "쌩"하고 까만 물체가 눈앞을 순식간에 스쳐 갔다. 어디서 날아온 총알인지 알 수 없었다. 내가 어릴 때는 인근에 군부대가 많이 주둔하고 있었다. 나는 깜짝 놀라 엄마 품에 덥석 안겨 가쁜 숨을 몰아쉬었다. 그 품에서 은은한 달래 향기 같은 엄마의 냄새를 맡았다. 6남매 맏이로 태어난 나는 엄마 품은 일찍 동생들 차지가 되었다.

　엄마가 처음 학교에 온 적이 있었다. 쪽 찐 머리에 엷은 화장을 하고 단정한 차림이었다. 항상 일에 쫓겨 수건을 쓰고 앞치마를 입은 모습만 보아왔던 나는 눈이 부신 듯 엄마를 바라보았다. '내 엄마가 이렇게 예쁘구나.' 놀라지 않을 수 없었다.
　동창회에 나가면 학교 다닐 때는 네가 제일 예쁘게 옷을 입었다고 이구동성으로 말했다. 엄마는 우리가 입을 옷을 손수 만들어 입혔다.
　세일러복, 주름치마, 블라우스 등 바느질 솜씨가 뛰어났다. 쑥쑥 키가 자라는 나는 몇 달만 지나면 소매가 뎅겅 했다. 오죽하면 장마철 오이 자라듯 크다고 말했을까. 그렇지만 동생들은 내가 입던 옷을 물려받아 입어야 했으니 불만이 많았다.

우리가 배울 때는 한문 과목이 있었다. 고등학교 한문 선생님이 수업하며 송나라 이야기를 하셨다.

송대(宋代) 문인 맹교는 마흔을 넘겨 벼슬길에 올랐다. 어머니는 임지로 떠나는 아들을 위해 밤새워 옷을 지었다.

이를 안타깝게 지켜보던 맹교는,

"한 치도 되지 않는 풀 한 포기가 따스한 봄볕의 은혜를 어찌 갚을 수 있을 것인가"

라는 글 한 수를 읊었다. 여린 풀은 햇볕 없이는 절대 자랄 수 없다. 맹교는 어머니를 따스한 햇볕으로 비유했다.

외할아버지 기일에는 달빛을 받으며 엄마 손을 잡고 외갓집에 갔다. 오랜만에 만난 이모, 친척들이 모여 이야기꽃을 피웠다.

이모가 들려주는 처녀 적 엄마는 근동에서 보기 드문 참한 처녀였다고 한다. 꽃처럼 피어나는 열일곱 살 때, 엄마는 무엇을 하고 싶었을까? 무엇이 되고 싶었을까? 마음속으로 누구를 그리워했을까.?

내 나름, 상상의 나래를 펼쳐 본다.

시집가기 전날 밤, 엄마와 나란히 누워 삼이 들었다. 설핏 잠결에 기척을 느끼고 눈을 떴다. 엄마는 내 손을 쓰다듬고 있었다. 나는 벌떡 일어나 엄마 품에 안겼다. 그때 그 내음, 엄마의 향기가 코끝을 살짝 스쳤다.

평소 말수가 적은 엄마는 조곤조곤 타이르듯 말했다.

"문자야, 너한테 못 해준 것이 많아 미안하구나. 너는 이 어미처럼 고생하지 말고 잘 살아야 한다. 알았니?"

하시며 얼굴을 붉혔다. 엄마의 당부에 나도 모르게 울컥 눈물이 솟았다. 이제 나는 엄마 곁을 떠나게 되는구나 생각하니 서러웠다.

  엄마는 새벽에 일어나 많은 식구를 뒷바라지하느라 종일 허리 한번 펴 보지 못했다. 내가 학교에서 돌아오면 교복도 벗기 전에 이것저것 시키는 통에 짜증이 나서 "나는 엄마처럼 그렇게 살지 않을 거야" 하며 투정을 부렸다.
  철부지 딸의 응석에 얼마나 마음이 상했을까, 엄마도 정녕 그렇게 살고 싶지 않았을 것이다.
  막상 내가 아이를 키워 보니 억지를 부릴 때마다 척척 들어 줄 수는 없었다. 딸애는 고등학교, 대학교, 진학 때마다 불만이 많았다.
  "다음에 나는 절대 엄마처럼 자식을 키우지 않을 거야"
  볼 메인 말을 쏟아냈다. 순간 깜짝 놀랐다. 내가 엄마에게 했던 말을 자식에게 들을 줄 상상조차 하지 못했다. 흔히 하는 말로, '너도 딸 낳아 봐라'라는 말을 귓등으로 들었던 나는 지금에 와서야 그 말이 가슴에 와닿는다.

  한 끼를 굶더라도 자식들 눈을 띄워야 한다고, 생각한 엄마였다. 〈이학선〉 우리 어머니는 앞을 내다보는 신여성이었다.
  우리 남매는 엄마의 바다에 유영하는 작은 물고기였다. 엄마의 향기가 좋아서 그냥 안겨 어리광을 부리는 철부지였다.
  나는 몰랐다. 엄마가 좋아하는 음식이 무엇인지, 젊을 때 찍어 놓은 사진이 있는지, 자신만의 행복을 누려 본 적이 있었는지, 아무것도 모르는 못난 자식이었다. 그러나 당신의 향기는 잊지 못합니다. 어머니! 어머니--!

순결한 꽃 백합

　3월에 접어들자 포근한 날씨가 이어지더니 단비가 촉촉이 내렸다.
　이제 완연한 봄이다. 겨우내 숨죽이고 있던 초목은 훈풍과 더불어 기지개를 켰다. 어느새 화분마다 소복이 쌓여있던 잔설이 녹아들고 저마다 봄나들이할 채비가 한창이었다. 제일 먼저 백합이 혹한을 이겨냈음을 증명하듯 힘차게 새순이 돋아났다.
　백합은 여러 가지 색깔이 있지만, 흰색 꽃이라는 이미지가 강하다. 그래서인지 모두들 흰 白으로 알고 있다. 그러나 구근이 100조각으로 이루어져 있다 하여 백합(百合)이라고 부른다. 그리고 백합의 순우리말은 '나리'이다. 참나리, 땅나리, 말나리, 하늘나리 등 모두 우리의 고유 이름 나리꽃이다.
　어릴 때 우리 집 울타리 아래에는 야자수처럼 하루가 다르게 쑥쑥 자라는 꽃나무가 있었다. 다 자라면 어른 키만 했다. 빨간 꽃잎에 점점이 검은 점이 박혀있었고, 유난히 꽃술이 길고 돋보였다.
　후일 알고 보니 이 꽃이 하늘나리였다. 하늘나리는 백합 중에서 가장 키가 크고 잎사귀마다 가지를 뻗어 하늘을 향해, 화려한 꽃을 피웠다.

차츰 기온이 오르자 백합은 세력을 넓히며 씩씩하게 자랐다. 꽃의 크기가 어른 손바닥보다 더 큰 꽃인 만큼, 여느 꽃과 달리 새순부터 굵고 우람했다. 그런데 유독 한 송이가 연약했다. 다른 백합과 달리 줄기가 가늘고 잎사귀도 노랗게 변하면서 힘을 잃어갔다.

나는 걱정되어 햇볕이 잘 드는 양지쪽으로 화분을 옮겼다. 그리고 식물 영양제를 주고, 물 조절을 하는 등 관심을 가지고 보살폈다. 어쩌면 겨울을 나는 동안 추위를 이기지 못하고 뿌리가 상하지는 않았는지 염려되었다.

백합은 혹한을 겪지 않고 따뜻한 겨울을 보내면 꽃이 피지 않는다. 설사 피드래도 꽃봉오리가 충실하지 못하다. 간혹 양파같이 생긴 뿌리가 얼기도 했다.

옛 성현께서는 '젊어서 고생은 사서 하라' 말씀하셨다. 초년에 고생을 모르고 자라면, 후일 어려움을 견디지 못하고 쉽게 포기해 버린다. 실패하더라도 다시 일어나 재기하는 끈질긴 의지력이 부족한 것이다.

식물 또한, 다르지 않다. 혹독한 추위를 극복하고 봄을 맞이해야 비로소 화사한 꽃을 피울 수 있다.

대체로 6, 7월에 피는 백합꽃은 기품도 있지만, 향이 뛰어나다. 진한 향기는 꽃밭을 넘어 골목길까지 은은하게 퍼져나간다.

내가 다니는 성당, 성모 마리아상 앞에는 해마다 하얀 백합꽃이 흐드러지게 피었다. 천주교에서는 백합을 신성하게 여기고 있다. 행사가 있는 날은 백합꽃이 빠지지 않았다.

특히 부활절에 장식하는 백합은 성모를 위한 성례라고 전해온다. 백합의 여섯 꽃잎은 성부, 성자, 성신, 믿음, 소망, 사랑을 상징한다고 하니, 더욱 뜻이 깊은 꽃이다.

옆에 있는 꽃들은 벌써 활짝 피었건만, 연약한 한 송이 백합은 금방이라도 시들어버릴 것 같았다. 나는 생사의 갈림길에서 사투를 벌이고 있는 한 생명이 안타까워 '넌 할 수 있어! 조금만 더 힘을 내!' 마음속으로나마 응원했다.

그 와중에 용케도 키가 50cm쯤 자라더니 작은 봉오리 두 개가 맺혔다. 그리하여 마침내 자신의 힘으로 꽃을 피워냈다.

원추리꽃보다 더 작았으나 형태를 갖춘 가냘픈 백합꽃을 볼 수 있었다. "와--" 정녕 감탄하지 않을 수 없었다. 실로 내 눈으로 분명히 보고도 믿기지 않는 광경이었다. 나는 오래, 오래 잊지 않으려고 가냘픈 백합꽃 두 송이를 스마트폰에 담아두었다.

그렇지만 애석하게도 꽃이 피자마자 받치고 있던 줄기가 뚝 부러지고 말았다. 살짝 뽑아보니 밑둥치는 이미 썩어버리고 아무것도 남아있는 것이 없었다. 뿌리 없이 어떻게 꽃을 피울 수 있는가, 도저히 정상적인 상식으로는 이해할 수 없는 쾌거였다. 기어이 이루고 말겠다는 끈질긴 의지의 결실이었다.

  만약 기적이 있다면 이를 두고 하는 말일 것이다. 작은 백합꽃 한 포기의 생존을 지켜보면서 다시 한번 생명의 경이로움을 느낄 수 있었다.

ⓒ서정애

예향 전주에서

몇 차례 봄을 재촉하는 비가 내리더니 오늘은 훈풍이 불어오고 하늘은 쾌청하다. 비 갠 싱그러운 아침, 남편과 함께 가벼운 차림으로 길을 나섰다. 여정에 오르는 내 마음은 솜털보다 가벼이 훨훨 날아오르는 듯하다.

그곳에 가면 어떠한 풍경을 볼 수 있을까? 처음 대하는 낯선 사람들, 그리고 뭘 먹을까? 새로운 음식을 맛보는 기대감으로 한껏 설렌다.

전주 시외버스 정류장에 도착하자, 대기하고 있던 관광택시 기사가 우리를 반갑게 맞이했다. 예정대로 오늘은 익산 관광에 나섰다. 전주시에서는 시티투어 버스 대신 관광택시를 운영하고 있다. 요금은 3시간에 5만 원, 5시간에 8만 원 정도이며 예약제로 운행하고 있었다.

익산에서 늦은 점심을 먹으려고 식당에 들어갔을 때였다.
"경남 마산에서 오신 손님 환영합니다. 익산 구경 잘하십시오."
택시 기사에게 소개받은 식당 주인이 손뼉을 치며 우리를 반겼다. 순간 식당에 있던 사람들은 모두 우리를 바라보며 반가워했다. 특별 반찬도 나왔다. 나는 뜻밖의 환대에 가슴이 뭉클하며 전라도의 후한 인심을 느낄 수 있었다. 익산에서 백제왕궁과 미륵사지 9층 석탑, 보석박물관 등을 관람했다.

오후 늦게 전주에 돌아와 한옥마을 숙소에서 여장을 풀었다. 우리가 이틀간 머물게 될 이곳은 아담한 기와집이었다.

이튿날은 일찍 일어나 전주 천변을 걷다가, 남부시장에서 콩나물국밥을 먹었다. 얼큰하고 구수한 맛이 소문대로 별미였다. 마산에서 타고 온 전북 여객 기사님이 입이 닳도록 콩나물국밥을 먹어보라고 자랑했었다. 전주는 수질이 좋아 콩나물이 연하고 아삭하여 옛날에는 임금님에게 진상했다고 한다.

든든히 배를 채우고 새만금 방조제를 향하여 출발했다. 새만금 방조제는 군산 김제 부안으로 길게 이어져 있다.

바다를 막아 더없이 넓은 땅을 만든 방조제는 세계에서 가장 긴 39.9km에 이른다. 방조제를 한참 달리다가 중간쯤, 돌고래 쉼터에서 차를 세우고 기념사진을 찍었다. 택시 기사님은 셔터를 눌러주는가 하면 주변 해설에 여념이 없었다. 우리 두 사람을 태운 관광택시 기사님은 친절한 관광 안내원이었다.

방조제에서 연륙교를 건너 천혜의 비경을 간직한 고군산군도를 차례차례 둘러봤다. 선유도에서 맛본 싱싱한 회 한 점은 일품이었다. 지금도 잊히지 않고 군침이 돈다. 아득한 옛날부터 전설을 품고 있는 선유도, 무녀도, 대장도를 뒤로하고 김제를 거쳐 전주로 돌아왔다.

한옥마을 입구에는 태조 이성계 어진을 모신 경기전이 버티고 있다. 경기전 주변에는 많은 관광객이 모여 떠들썩하다. 맞은편에는 전동성당이 높고 묵직이 위용을 자랑하고 있다. 유서 깊은 이 성당은 1791년 천주교 박해로 윤지충, 권상연 신도가 참수되어 순교한 성지이다. 1908년 프라넬 신부는 순교한 장소에 성당을 건립하여 오늘날 이 지역의 대표 명소가 되었다.

조금 더 안으로 들어가면 원불교 본당을 지나 최명희 문학관이 보인다. 불멸의 대하소설『혼불』을 집필한 최명희(1947~1998년)

작가는 51세로 짧은 생을 마감했다. 전시실에는 혼불의 초고, 단편집, 에세이, 문우에게 보낸 장문의 편지 등을 볼 수 있었다. 애석하게도 젊은 나이에 요절했지만, 그의 문학세계를 엿볼 수 있는 의미 있는 시간이었다.

  저녁에는 이곳 대표 음식 전주비빔밥을 먹고 한옥마을 구경에 나섰다. 길 따라 실개천에는 맑은 물이 졸졸 흐르고 줄지어 이어지는 기와집이 옛 정취를 흠뻑 풍긴다. 느긋한 마음으로 서성이듯 천천히 걸었다. 이 골목 저 골목 가는 곳마다, 볼거리 먹을거리가 수두룩하다. 가야금 소리가 은은하게 들리는 카페에서 대추차로 목을 축이고, 걷다가 피곤하면 전동차를 탈 수 있고, 고운 한복을 빌려 입을 수도 있었다.
  다음 날 아침, 오목대에 오르니 700여 채 기와집 전경이 한눈에 들어온다. 과연 한옥마을은 듣던 대로 장관이었다. 그리 높지 않은 둔덕에 있는 오목대는 고려말 이성계가 왜구를 토벌하고 본향 종친들과 승전을 자축했던 사적지이다.
  고려 중기 문신 이규보(1169~1241년)는 완산(전주) 감영에서 벼슬살이하다가 떠나면서 말했다.
  '완산고을은 땅이 넓고 기름져 오곡이 풍성하다. 하여, 굶는 백성을 찾을 수 없다. 번듯한 기와집이 즐비하고, 사람들은 하나같이 흥이 많다. 서당마다 글 읽는 소리가 낭자하고, 예를 숭상하는 선비들은 인품을 갖추고 의젓하다. 완산은 고려 땅에서 가장 살기 좋은 고장이다.'

  3일 동안 전주를 비롯해 익산, 군산 등을 다니며 구경했다. 이 지역은 이규보 말씀대로 기름진 옥토가 끝없이 펼쳐져 있고, 만나는 사람마다 친절하고 온화했다. 전북 여객 기사님, 익산식당 사장님, 특히 방조제 갔을 때 안내해 준 관광택시 기사님을 잊을 수 없다.

"나이 드신 두 분을 모시려니 돌아가신 부모님 생각이 납니다. 멀리서 오셨으니 더욱 정성껏 모시겠습니다"

말하며 옵션에 없는 격포 전망대, 유채밭까지 안내하며 한곳이라도 더 보여주려고 애썼다.

전라북도 도청소재지 전주시는 높은 문화를 향유한 예향이었다. 정을 담뿍 안고 뿌듯한 마음으로 귀향길에 올랐다.

(2023년 4월)

어질고 고운 당신

착잡한 심정으로 요양병원을 나섰다.
서성거리듯 목적 없이 얼마나 걸었을까. 힘없이 내딛는 발길은 나도 모르게 진해 석동 근린공원에 들어서고 있었다. 스산한 바람이 부는 늦은 오후의 공원은 을씨년스러웠다. 노란 은행잎이 내려앉은 벤치에 앉아 먼 산을 우두커니 바라보았다. 공원을 둘러싸고 있는 나무들은 푸르렀던 지난날 사연을 간직한 채 모두 입을 다물었다.
잎이 떨어지고 나면 새들은 날아가고 머지않아 가지마다 하얀 눈이 쌓이리라.
적막에 잠긴 나무는 침묵이 무엇인지 잘 알고 있다. 바로 인고와 기다림이다. 어디선가 희미하게 음악 소리가 들린다. 물 흐르듯 잔잔히 흐르다가 잠시 끊어지더니, 다시 이어진다. 애잔한 선율 따라 내 마음은 깊은 시름에 잠겼다.

오늘은 모처럼 틈을 내어 요양병원에 입원해 있는 작은어머니를 뵈러 왔다. 작은어머니는 벌써 몇 년째 치매를 앓고 있다. 치료한다고 해도 증세는 나아질 기미가 없다. 딱하게도 자신이 살아오면서 겪었던 숱한 일들을 하나씩 하나씩 잃어갈 뿐이다. 슬프고 기뻤던 일, 열심히 노력하고 애쓴 흔적들은 지워지고 하얀 백지처럼 빈 마음으로 돌아가고 있다. 병원에 올 때마다 안타깝고 허무한 생각이 가득하다.

　그러나 단정한 자태는 예전 그대로이다. 아프기 전처럼 고운 얼굴에 온화한 미소를 지으며 조용히 앉아 있다. 이렇게 우아한 모습을 보노라면 더욱 안타까운 마음 금할 수 없다.

　작은어머니는 평생 바느질을 하셨다. 어릴 적부터 어머니가 한복 짓는 모습을 눈여겨보고 따라 했다고 한다. 열세 살 되던 해에 두루마기를 거뜬히 만들어냈으니 모두 놀라워했다. 한땀 한땀 공들여 옷을 빚는 그의 솜씨는 누구도 따라 할 수 없는 타고난 장인이었다. 어떤 옷감이라도 그의 손에 닿으면 마법처럼 예쁜 옷으로 둔갑했다. 진해에서 〈정교장댁 한복집〉 하면 모르는 사람이 없을 정도로 명성이 자자했었다.

　그럴 즈음 나는 작은어머니 일손을 돕게 되었다. 워낙 일감이 밀려 시간 날 때마다 거들었다. 이렇게 되자 자연스럽게 우리 옷 한복을 배우게 되었다.

　"문자야! 한복을 지을 때는 한 올을 다투는 섬세한 정성이 깃들어야 한단다. 쉬지 않고 꾸준히 손끝에 익혀야 반듯한 옷이 만들어질 것이다."

　작은어머니는 손에 쥐여주듯 자상하게 일러주셨다.

　그렇지만 처음 해보는 비단 옷감 바느질이라 서툴고 어려워 시나브로 배워나갔다. 이렇게 7년여간 작은어머니의 솜씨를 어느 정도 이어받은 나는 마산 부림시장에서 주단 점을 차렸다. 그러자 열 일을 제쳐놓고 적극적으로 나섰다. 조카딸 잘되라고 진심으로 보살펴주셨다. 과분할 만큼 작은어머니의 도움을 받았다.

　내가 초등학교 다닐 때 우순섭 작은어머니는 작은아버지와 결혼하여 우리 집 가까이에서 살았다. 나는 작은어머니가 좋아 시도, 때도 없이 작은집에 들락거렸다. 숙제도 하고 간식도 먹었다.

어떤 날은 반 아이들을 데려가 놀기도 했다. 지나고 보니 나는 작은어머니를 성가시게 했던 철없는 아이였다. 그렇게 고등학교 다닐 때까지 들락날락했으나 갈 때마다 살갑게 맞이하는 정 많은 분이었다. 만약 한 번이라도 싫은 기색을 했다면 자주 가지는 못했을 것이다.

　그리 알차지도 않은 삶에 늘 허덕이며, 지난날을 되돌아볼 여유가 없었다. 작은어머니가 이 지경이 되어서야 비로소 깨달았다. 언제나 받기만 했을 뿐, 제대로 고마움을 표한 기억이 없다. 나는 나이가 들어도 나밖에 모르는 철부지였다는 것을…….
　잎이 떨어진 저 앙상한 나무는 스스로 철을 분별할 줄 안다. 아무리 생각해도 나는 나무처럼 현명하지 못하고 바보처럼 살았다. 그나마 인자하고 고운 당신이 살아계시니 얼마나 다행인가, 늦었지만 이제부터라도 자주 찾아뵙고 손도 잡아드리고, 안기기도, 해야겠다. 그리고 지난날 고마웠던 이야기를 조곤조곤 영혼에 닿을 때까지 들려드릴 생각이다. 꼭 그렇게 하리라, 하리라, 몇 번이고 마음속으로 다짐했다.
　어느새 공원 주위는 어둑어둑 땅거미가 내려앉았다. 긴 상념에서 깨어난 나는 공원을 나와 마산행 버스에 올랐다.
　(2023년 11월)

오 모 테 나 시

  내가 사는 집 뒤편에 있는 그린웨이는 많은 사람이 찾는 마산의 명소가 되었다. 어느덧 길옆에 심은 어린나무가 자라 하늘을 가리고 그 아래 길게 뻗은 길은 밤낮없이 붐빈다. 이 길이 생기지 않았으면 어떻게 할뻔했나, 할 정도로 많은 사람이 즐겨 걷고 있다.
  언제부터인가 기차가 다니던 레일 주변은 장터가 되었다. 처음에는 철길 옆에서 올망졸망 할머니들이 가져온 채소며 반찬거리를 팔기 시작한 것이, 오늘에 이르렀다. 지금은 의젓한 상설 북마산 중앙 시장보다 이곳이 장사가 훨씬 잘 되고 있다.
  나는 집에서 가깝기도 하지만, 점포에서 돌아오는 길에 이곳에서 장을 보다 보니 자주 가는 가게도 생겼다.
  명절이나 행사가 있을 때마다 늘 주문하는 떡집을 비롯해 활어 생선 집도 자주 찾는다. 아침마다 거제에서 싱싱한 장어를 싣고 와서 먹기 좋게 손질해 줘서 여간 편하지 않았다. 곁들여 장엇국도 먹을 만했다.
  철길에서 장사하는 점포 중에 가장 인기 있는 곳은 역시 만물 상회다. 전기재료 가스 등 없는 것이 없고, 맥가이버 사장님이 전기나 수도 뭐든 부르면 와서 뚝딱 고쳐주기 때문이다. 끌고 다니는 카트 바퀴도 고장 나면 그 자리에서 바로 바꿔 주기도 했다.
  만물상 옆집은 채소가게였다. 어느 날 내가 양파를 사러 갔다.

"사장님 양파 삼천 원어치만 주세요."
했더니 대뜸.
"한 바구니 오천 원 이하는 안 팔아요. 다른 가게 가보소"
퉁명스럽게 말하는 것이 아닌가. 올해는 양파가 흉년이라 귀하기는 했다. 할 수 없이 다른 곳에서 양파를 사긴 했지만 어쩐지 기분이 찝찝했다.
그 후에도 지나치다 보면 손님에게 화를 내고 다투는 모습을 몇 번 목격했는데, 결국 그 채소가게는 문을 닫고 말았다. 오죽하면 그만두었을까? 손해가 이만저만 아니었을 것이다. 물론 폐업하게 된 원인이 손님에게 불친절한 것 외에도 여러 가지 문제가 있었을 것이다.

내가 시장에 가게를 운영할 때 상인대학에 다닌 적이 있다. 몇 달 동안 강의를 들으며 장사하는 법을 많이 배웠다. 특히 교수님 말씀 중에 가장 기억에 남아있는 명언은 '오모 테 나시'였다.
'오모 테 나시'는 고객을 황제처럼 모시며 최선을 다해 환대한다는 일본의 서비스 정신을 뜻하는 말이다. 매장에 오는 손님에게 친절은 기본이다. 업주는 사람 냄새가 나는 훈훈한 인정을 베풀며 한번 왔던 손님이 다시 올 수 있도록 고객의 마음을 단단히 붙잡아야 한다.
내가 주단 점을 할 때는 손님의 연락처를 메모해 두었다가 명절에는 문자로 안부를 묻고 신상품을 자주 알려 드렸다. 이렇게 꾸준히 하다 보니 문자를 삼백여 통이나 보내게 되었다. 문자 덕분에 단골들이 잊지 않고 다시 찾아와 장사를 유지할 수 있었다.
여름철 인견 옷을 팔 때는 단골이 오면 그냥 보내지 않고, 바지라도 한 장씩 드렸다. 평소에도 하다못해 보자기라도 드렸고 음료 대접이라도 소홀히 하지 않았다. 단골을 잡고 손님을 끌어들이기 위해 작은 것이라도 성의껏 내가 먼저 베풀었다.

미국의 어느 대형 할인점에서 예고 없이 정전되었다. 지하라 어두웠고 계산도 할 수 없었다. 갑자기 당한 손님들은 우왕좌왕 웅성거렸다. 그 순간 점장은 기지를 발휘했다.

"고객 여러분! 침착하시고 바구니에 담긴 물건은 그냥 집으로 가져가세요. 꼭 결재를 원하시면 자선단체에 기부하십시오."

이렇게 정전으로 인해 공짜로 나간 상품은 대략 4천 달러 정도였다.

그러나 선행을 베푼 사실이 신문, 방송에서 연일 보도되자 광고 효과는 무려 40만 달러에 이르렀다. 그에 따라 미국 전역에 있는 마트 매출은 30% 상승했다고 한다.

이 세상에 공짜는 없다. 역시 소금 먹은 사람이 물을 켜게 되어 있다. 베풀 때는 손해인 듯하지만 나중에 그보다 훨씬 많은 이익이 돌아온다.

요즈음은 장사하는 사람이 워낙 많아 성공하기란 낙타가 바늘구멍을 통과하는 격이다. 거기다가 까다로운 손님의 지갑은 여간해서 열리지 않는다. 이럴 때야말로 낮은 자세로 고객을 위하는 친절한 업주의 이미지가 한몫을 단단히 할 것이다.

참으로 장사하기 어렵다. 임전 태세, 전쟁터에 나가는 전사처럼 비장한 각오로 임해야 비로소 승리를 쟁취할 수 있을 것이다.

(2024년 1월)

부모 마음

대 농가 안살림을 맡은 엄마는 할 일이 태산이라, 잠시도 쉴 틈이 없었다.

식구도 적지 않았다. 우리 가족은 할아버지를 비롯해 열 명이나 되었고, 거기다가 일하는 머슴들까지 있었다. 이렇게 많은 식구를 위해 엄마는 세끼 밥을 꼬박꼬박 차려냈다. 바쁜 일 철에는 새참까지 해냈으니, 엄마의 손은 항상 젖어있을 수밖에 없었다.

엄마가 차려주는 아침밥을 배불리 먹은 우리는 학교 갈 준비하느라 떠들썩했다. 그 와중에도 엄마는 아빠의 출근 준비에 정성을 쏟았다. 신고 나갈 구두를 닦는가 하면, 손수건, 양말 등을 챙겨드렸다. 어릴 때 우리가 본 엄마, 아빠 두 분은 꽤 다정하게 보였다.

서울에서 농대를 졸업한 아버지는 고등학교 서무실에 근무하면서도 특수재배에 푹 빠졌다. 집 아래 널찍한 비닐하우스를 지어 퇴근하면, 하우스에서 상추를 비롯해 고추, 오이, 토마토 등을 길렀다. 60년대 초, 당시만 해도 보기 드문 재배법이었다. 아버지가 키운 채소는 품질이 우수하고 다른 사람보다 한발 앞서 출하해 비싼 값으로 팔려나갔다. 할아버지는 주로 벼, 보리농사를 지었는데 수입 면으로 볼 때는 하우스재배가 훨씬 소득이 높았다.

이렇게 바쁜 중에도 아버지는 농민을 위한 활동에도 열심이었다. 얼마 후 경남 농민회 회장이 되자 우리 집에는 하우스를 견학

하러 오는 농민들이 줄을 이었다. 아버지는 이들에게 자신이 알고 있는 재배 방법을 가르쳐주며 새로운 농법을 권장하기도 했다.

이렇게 적극적인 농민 활동이 새 농민, 일간신문 등에 소개되어 정홍만 회장의 이름이 전국적으로 알려졌다. 소득이 낮고 열악한 환경에 놓여있는 농민을 위해 헌신적으로 노력한 결과였다.

아버지가 바빠질수록 엄마가 할 일은 기하급수적으로 늘어났다. 오시는 손님을 대접하는 일은 모두 엄마의 몫이었다. 언제나 옷매무시를 단정히 하고 몸가짐이 조심스러웠다.

가을이 깊어가는 어느 날 오후 하루 업무를 마감하고 우체국을 나설 때였다. 시청 모퉁이 저만치에서 아버지가 걸어오고 있었다. 이 시간에 아버지를 뵙게 될 줄은 전혀 예상하지 못했다.

"이제 퇴근하느냐? 따라오너라. 나하고 차나 한잔하자꾸나." 나는 주춤주춤 아버지를 따라 길가 어느 커피숍에 들어갔다. 창가에서 바라보니 노란 은행잎이 소복이 쌓여있었다.

"문자야! 근무하느라 힘들지? 그래도 현대 여성이라면 전문적인 직업을 가져야 한단다. 지금은 대다수 여성이 가사에 전념하고 있지만 머지않아 여성의 사회 진출이 보편화될 것이다. 내 자식이라고 하는 말이 아니라 넌 현명하고 능력이 있는 아이다. 어디 내놔도, 빠지지 않는 네가 시집가서 잘살아야 하는데 걱정이 앞서구나!"

그 무렵 나는 몇 군데에서 혼담이 오가고 있었다. 그렇지만 언제나 말이 없고 밖으로만 나도는 아버지에게 이런 말씀을 듣기는 처음이었다. 하기야 세상의 부모님은 모두 그럴 것이다. 자식이 아무리 미운 짓을 해도 이쁘게만 보이고 그저 잘되기만 바라는 것이 부모 마음이 아닐까?……

곱게 키운 딸자식이 시집가서 잘 살아주면 얼마나 좋으랴, 그러나 이 땅의 여성은 결혼이라는 굴레가 녹록지 않음을 잘 알고 있는 신지식인 아버지였다.

그날 커피숍에서 아버지는 내게 많은 얘기를 들려주셨다. 아직 유교 사상이 남아있는 이 나라에서 여성의 처지가 얼마나 고달픈지 세세히 알려줬다. 매사에 경거망동하지 말고 슬기롭게 살아가야 한다고, 누누이 당부하셨다.

아버지 걱정과 달리 나는 철부지였다. 혼인한다 해도 별로 신경을 쓰지 않았고 핑크빛 고운 꿈만 꾸었다. 어쩌면 새신랑 사랑을 듬뿍 받으며 행복한 나날을 동경하고 있었는지도 모른다.

그도 그럴 것이, 지금껏 나는 부모님 슬하에서 아무 탈 없이 학교에 다녔다. 졸업 후에도 운 좋게 공무원 시험에 합격하여 우체국에 근무하고 있었다. 돌이켜보면 그때 나는 어려움을 모르고 자란 양지의 화초였다.

그 후 아기를 업고 친정에 갈 때마다 아버지는 내게 별말씀이 없었다. 그러나 나를 바라보며 안쓰러워하는 그 모습, 그 표정을 잊을 수 없다. 꼭 말로써 표현하지 않아도 '문자야! 힘들어도 이겨내라' 안타까워하는 아버지 속마음을 어렴풋이 짐작할 수 있었다.

험한 세상을 살면서 힘들 때나, 어려운 고비가 닥칠 때마다 아버지 생각이 간절했다. 경험이 없어 엉뚱한 행동을 하고 후회한 적이 여러 번 있었다. 그럴 때마다 우리 딸 잘되라며 들려주시던 당부의 말씀이 새록새록 떠올랐다.

아버지는 아버지라는 큰 존재감뿐만 아니라 내 삶의 영원한 멘토였다.

■ 수필 해설

동갑내기 부부가 걸어온 여정

이 연(문학박사)

『한 쌍의 기러기』 원고를 받았다. 한마디로 흥미롭고 귀한 수필이었다.

부부가 문집을 공저하여 책을 발간하는 일이 흔하지 않기 때문이다. 전문 서적이나 논문이면 몰라도 수필을 함께 쓰는 사례는 굉장히 드문 일이다.

더욱 경이로운 것은, 여든을 바라보는 나이에 어떻게 이렇게 살아온 이야기를 잔잔하게 풀어내는지 또 한 번 놀랄 수밖에 없었다. 두 분을 떠올리면 곱게 물든 낙엽처럼, 붉은 노을처럼, 노후가 우아하고 아름다웠다.

해설자는 수필가 두 분과 오랫동안 교류해 온 해묵은 사이다. 어쩌면 교류했다기보다는 언제나 내가 신세를 지며 지내왔다.

내가 알기로는 노모를 모시고 자식들 키우느라 무척 고생했다. 그러나 지금은 같은 취미로 의미 있는 나날을 보내고 있는 두 분이 정말 부럽다. 해설을 맡게 된 본인은 쉼 없이 수행 정진하였으나, 깨달음에 이르지 못하고 문학의 길로 들어서게 되었다.

30여 년 전 법복을 입고 한국불교청년회 경남지부에서 지도 법사를 맡아있을 때였다. 당시 부회장으로 활동하던 서효창 수필가를 처음 만났다. 그때부터 부부가 함께 운영하는 시장 가게에 자주 들락거렸다. 자택에도 여러 번 방문하여 자당을 뵈었고, 그곳에서 먹고 자기도 하며 신세를 졌다.

그러다 보니 긴 기간 자연히 가까운 사이가 되었다. 이로 인해 작품을 해설하는 영광을 안겨준 것이 아닌가 하여 다소 부담스럽기도 하다.

우선 두 분의 글을 읽어보면 노력하고 공들인 흔적이 역력하다. 편견 또한, 찾아볼 수 없다. 수필뿐만 아니라 어느 장르의 글이라도 읽어보면 최선을 다했는지, 적당히 마무리했는지 단박에 알 수 있다. 해설자가 문학 수업을 할 때 지도하신 교수님은 "글 속에 어떠한 편견도 용납할 수 없다. 편견이야말로 저자가 가장 유념해야 할 부분이다. 자칫하면 작품 전체를 망치게 되고 독자 또한 외면한다."라고 역설하셨다.

흔히 수필은 자신이 살아온 기록이오, 한 사람의 역사라고 정의하기도 한다. 그렇다고 해서 특정인을 비방하고, 무시하며 일방적으로 한쪽 편만 드는 내용은 지양해야 한다. 설령 그런 일이 사실이라 할지라도 완곡하게 표현하여 필화(筆禍)를 일으키지 말아야 할 것이다. 본의 아니게 피해자가 생길 수 있다.

이제 두 분의 수필가가 쓴 내용을 들여다보기로 하자.

먼저 정문자 수필가 글을 읽어보면 절제된 표현으로 전편이 가지런하다.

언제부터인가 우체국 창구 앞에서 낯선 청년이 얼쩡거렸다. 나도 모르게 눈길이 자주 그쪽으로 쏠렸다. 우표 담당 정애가 쪼르르 밖으로 나가 무슨 말을 나누고 살짝 들어왔다.

잠시 후 내게 전화가 왔다. "안동 고등학교 k입니다. 퇴근할 때까지 밖에서 기다리겠습니다." 순간 나는 무슨 말을 했는지 모르고 얼굴이 발갛게 달아오르고 가슴이 콩닥콩닥 뛰었다. 어떤 남자일까? 가슴 졸이며 퇴근 후 만났다. 우리는 수북이 자란 청보리밭을 지나 길게 뻗은 강둑에 나란히 앉았다.
　　K와 몇 번 데이트를 즐기고 제과점을 나올 때 그가 슬며시 내 손을 잡았다.
　　- 중략

　　정문자 수필가의 「꽃다운 시절」 수필 한 대목이다. 필자는 고등학교를 졸업하고 우정 공무원에 합격하여 안동우체국에 첫 발령을 빋았다. 우체국 근무 중, 안동 고등학교 교사의 적극적인 대시로 생전 처음 이성을 만나게 되었다.

　　우리는 속천 앞바다에 불어오는 해풍을 맞으며 나란히 섰다. 안동에서 설렘으로 잠 못 이루던 지난날이 아련히 떠올랐다. 그때 우리는 왜 사랑한다는 말을 아꼈을까?
　　비록 진정한 사랑을 몰랐을지언정 나의 스무 살은 내가 통틀어 가장 눈부시고 아름다운 시절이었다. - 중략

　　필자는 갑자기 진해우체국으로 발령이 나자 이별하게 되었다. 여름방학이 되자 K 선생이 필자를 찾아왔으나 다시 이어지기는 어려웠다. 흔히 아픈 만큼 성숙한다고 했다. 많은 세월이 흐른 지금은 아름다운 추억이 되었다. 꽃다운 시절, 이 작품은 신인상을 받으며, 등단하는, 기쁨을 맛보기도 했다.

　　부처님 오신 날 포교당 절에서 두 할머니 이름이 적힌 연등을 우연히 보게 되었다. 이후 국수 파는 할머니는 명자, 양배추 샐러드를 파는 할머니는 청자라는 사실이 시장 바닥에 알려졌다.
　　두 사람은 자주 티격태격 싸웠지만 우리는 다툰다고 생각하지 않았다. 매월 16일 쉬는 날은 함께 병원에 가고, 찬거리도 사러 다녔다. - 중략

　　「명자와 청자」 이 글은 시장에서 있었던 일화를 엮은 수필이다. 필자는 남편과 오랫동안 주단, 포목, 한복 가게를 운영했다. 점포

옆 노점에서 국수를 파는 할머니 이름은 병사이고, 건너편에서 양배추샐러드를 썰어 파는 할머니는 청자였다. 그들은, 먹고 살기 위해 길가의 질경이처럼 억척스럽게 시장에 기대어 살아왔다. 두 할머니에게는 시장은 그야말로 치열한 삶의 현장이었다.

  청자는 묵은지와 청국장 등으로 상을 차려 들이밀며 억지로 숟가락을 손에 잡혀주었다. 명자는 넘어가지 않는 밥을 꾸역꾸역 넘기며 눈물범벅이 되었다.
  "우리 살아보자. 나는 서방하고, 딸을 한꺼번에 물에 떠내려가도 이렇게 멀쩡하게 지내고 있다" 동병상련. 두 할머니는 내 설움, 네 설움에 서로 부둥켜안고 한없이, 한없이 울었다. – 중략
  어쩌면 부모는 자식에게 영원한 죄인인지 모른다. 낳고 키울 때는 그렇다 치자. 외아들을 잃은 할머니는 매월 초하루, 보름 내 아들 좋은 곳에 가도록 해달라고 지극정성으로 축원했다. – 중략

명자 할머니는 홀몸으로 기른 자식을 병으로 잃고 말았다. 실의에 빠져있을 때 청자가 찾아왔다. 그는 자신의 과거를 밝히며 억지로 밥을 먹였다. 이 단원을 읽을 때는 저절로 눈시울이 붉어졌다. 정문자 수필가는 이러한 사연을 가감 없이 있는 그대로 절절히 그려내고 있다.
부모가 된 죄로 낳아서 키울 때는 그렇다 치더래도 죽어서까지 좋은 곳으로 보내려고 불공을 올리고 있다. 그럴지도 모른다. 이 세상 모든 부모는 자식을 위해 기꺼이 모든 것을 바친다. 이 대목은 대다수 독자가 공감할 것으로 생각한다.
한 편의 드라마 같은 이 수필 속에는 희로애락이 고스란히 들어있고, 시장의 정경을 여실히 보여주고 있다. 명자와 청자. 이 작품은 모 수필 사에 발표하여 그해 우수작으로 선정되기도 했다.

  선자야!

우리가 초등학교에 다닐 때 군인 트럭을 타고 경주수학 여행 간 기억나니? 뽀얀 먼지를 뒤집어쓴 얼굴을 마주 보며 서로 놀려댔지. 중학교 다닐 적에는 장난이 심해 선생님 꾸중 많이 들었다. 그래도 공부는 열심히 했다. 성적이 상위권이었으니 고등학교에 합격할 수 있었잖니! 여고 시절에는 반에서 네가 제일 예뻤다. 나는 키만 삘 쭉 했었고…….

우리는 장차 선생님이 되자고 굳게 약속했다. 그러나 애석하게도 뜻을 이루지 못했구나. 비록 꿈을 이루지는 못했으나 맑고 순수했던 너와 나의 추억은 고이 간직하자. – 중략

어느새 화려한 옷보다 수수하고 편안한 옷이 어울리는 나이가 되었다. 기쁠 때나, 괴로울 때나 우리는 항상 가까이 있었다. 내가 아무리 엉뚱한 일을 저질러도 "왜 그랬니?" 묻지 않고 "응 그랬구나" 말하며 믿어주는 너였다.

이제 돌고 돌아 가쁜 숨을 쉬며 여기까지 왔다. 다가올 미래를 너무 두려워하지도, 서글퍼하지도 말자. 그저 마음 가는 데로 흘러가 보자. – 중략

위의 「내 영원한 친구에게」 제목의 글은 편지로 쓴 수필이다.

옛친구에게 간절한 사연을 수필 형식을 빌려 써 내려갔다. 말하자면 편지 수필이다. 이러한 스타일의 작품은 그리 흔하지 않다.

이미 작고했지만, 대하소설 『혼불』을 집필한 최명희 작가가 친구에게 보낸 장문의 편지가 공개되어 화제가 된 적이 있었다. 두루마리 종이에 내림 글씨로 길이가 무려 7m나 되었으니 역시 대작가의 필력이 대단함을 여실히 보여주었다.

필자가 쓴 수필을 읽어보면 편지 속 주인공 문선자 씨는 필자와 오랜 벗이다. 어릴 때부터 가까이서 뛰놀며 자랐다. 두 사람은 초등학교, 중학교, 고등학교를 같은 학교에 함께 다녔다. 졸업 후에도 늘 오가며 마치 친자매처럼 사이좋게 지냈다. 같은 학교에 다니며, 무려 70여 년 우정을 쌓아온 사례는 극히 드물 것이다. 그야말로 영원한 친구이다.

필자는 추적추적 가을비가 내리는 밤에 멀리 있는 친구를 그리

워하며 이 편지를 썼다. 절제된 표현, 살 짜인 창문처럼 흠잡을 곳 없이 완벽한 문장력을 구사한 작품이다.

정문자 수필가는 이 편지에서 지난날을 회상하며 앞으로 어떻게 살아야 하는지를 조곤조곤 이야기하고 있다. 두 분의 진실한 우정이 오래오래 지속하기를 진심으로 바란다…….

열차는 코스모스 축제로 유명한 북천역을 지나 1시간여 만에 하동역에 닿았다. 기다리고 있던 인애(점이네)가 달려와 "언니!" 부르며 두 손을 꼭 잡는다. 손끝으로 반가운 마음이 진하게 전해온다. – 중략

우리는 하동군 마을을 누비는 행복 버스에 올랐다. 도우미가 싹싹하고 정이 넘쳤다. 한 폭의 그림 같은 섬진강을 따라 화개장터에 내렸다. 장터에서 재첩국으로 늦은 점심을 먹고 인애가 사는 청계마을로 향했다. – 중략

"언니, 이모가 갑자기 돌아가셔서 외톨이가 되었어요. 다행히 이웃이 좋기는 하지만 그래도 가끔 외로워요. 마산 있을 때는 언니가 곁에 있어서 외로운 줄 몰랐습니다. 요즈음은 하동 문화예술회관 문예반에 다녀요" 말하며 습작을 쓴 노트를 보여줬다. 서툴지만 또박또박 쓴 글을 읽어봤다.

장날
하동 장날 난전에서 도토리묵을 팔고 있다./ 국그릇에 식혀서 모양이 동그랗다./ 하늘나라 계신 엄마 생각이 나서 묵을 샀다./ 도토리묵을 담아주는 할머니 손이 거북등처럼 쩍쩍 갈라져 있다./ 엄마도 그런 손으로 우리를 먹이고 입히고 키웠다./ 철없던 그때는 엄마니까 그러는 줄 알았다./
시골은 사철 바쁘다. 그 와중에 이렇게 좋은 글을 쓰다니, 새로운 발견이다. 인애의 글 쓰는 솜씨가 예사롭지 않다. 또 한 편을 읽어봤다.

엄마 생각
혼자 있을 때는 보고 싶은 엄마 생각/ 하얀 눈이 내리는 겨울밤에는 따스한 생각/ 햇볕이 쨍쨍 내리쬐는 더운 날은 시원한 생각/ 언제나 엄마 자리는 추운 자리/ 언제나 엄마 자리는 더운 자리/

인애는 섬진강 강여울을 바라보며 어머니를 그리워했을 것이다. - 중략

꽃구경

섬진강 맑은 물 흐르면 뭐하나?/ 기슭이 있어야지/ 기슭이 있으면 뭐하나?/ 꽃이 피어야지/ 꽃피면 뭐하나?/ 손잡고 꽃 구경할 임이라도 있어야지./
- 중략

오랜만에 만난 우리는 뜨끈뜨끈한 온돌방에서 밤늦도록 얘기꽃을 피우다가 곤하게 잤다. 이튿날 아침, 마당에 나오니 안개가 자욱하다. 그날의 정경을 잊을 수 없어 글로 옮겨 봤다.

물안개

스멀스멀 물안개가 길을 덮고 집을 에워쌉니다./ 길섶에는 풀잎마다 이슬 맺히고, 내 마음도 촉촉이 젖어 듭니다./ 안개는 숲을 따라 끊임없이 피어오릅니다./

햇살이 퍼지자 안개가 걷히고 푸른 하늘이 드높습니다./ 온산에 울긋불긋 단풍이 곱습니다./ 저 붉은 가을 색은 어디서 왔을까요?/ 스산한 바람 불어 마른 잎 떨어지면/ 떠나간 그 사람이 그립습니다./ 여기는 선계, 그림 같은 청계마을입니다./ - 중략

「그림 같은 청계마을」이 작품은 수필 같지 않고 시를 읽는 느낌이다. 산뜻한 시 같은 수필이다. 이글은 특이하게 「점이네」 글과 이어지는 연작 수필이다.

필자와 이웃에서 언니, 동생 하며 지내던 점이네 (인애)는 살던 집이 재건축지역에 포함되어 부득이 이사하게 되었다. 보상금으로 받은 목돈으로 딸을 시집보내고, 하동 이모 집으로 떠났다.

인애는 떠난 후에도 친언니처럼 따르던 필자를 잊지 못하여 하동 청계마을에 초대한 것이다. 이 수필에서는 누구에게나 다정다감한 정문자 수필가의 따뜻한 성품을 엿볼 수 있다.

그런데 인애가 문예반에 배운 글이 재미있다. 아직 글솜씨가 서툴기는 하지만 꾸밈없이 생각나는 대로 쓴 글들이 가슴에 와닿는

다. 그의 글을 살펴보면 장날 도토리묵을 파는 할머니를 보며 일찍 떠나버린 엄마를 회상했다. 갸륵한 마음이 몽글몽글 묻어난다. 저자의 주석처럼 인애는 덧없이 흐르는 섬진강을 바라보며 일찍 떠난 어머니를 그리워했을 것이다. 꽃구경 글 또한 독특하다. "섬진강 맑은 물 흐르면 뭐하나?, 기슭이 있으면 뭐 하나?, 꽃 피면 뭐 하나?. 툭툭 던지듯 묻고 답하는 위트가 가히 놀라울 뿐이다.

그리고 정문자 선생이 안개 자욱한 청계마을을 표현한 「물안개」 시는 상당한 수준작이다. 시인으로 나서도 조금도 손색없는 서정적인 시다.

이 작품에서는 우연히 만났더라도 필자와 인애의 관계처럼 나이가 많으면 언니요, 나이가 적으면 동생으로 얼마든지 잘 지낼 수 있다는 것을 보여주었다. 비록 남남이라도 서로 위하고 아끼다 보면 정이 들기 마련이다. 아름다운 섬진강을 배경으로 재치가 넘치는 네 편의 시가 돋보이는 수필이었다. 모 수필 사의 평론가들이 올해의 수필로 선정한 작품이기도 하다.

「지금도 꿈꾸는 그곳」
정명수 할아버지는 가난한 소작농 아들로 태어났다. 아무리 열심히 농사를 지어도 겨우 입에 풀칠이나 할 뿐, 도저히 가난을 벗어날 수 없었다. 그는 고민에 빠졌다. 가난은 타고난 숙명이 아니다. 나는 반드시 내 땅을 일구고, 떵떵거리며 살 것이다. 마음을 굳힌 그는 부관연락선을 타고 일본으로 떠났다.

처음에는 무슨 일이든, 닥치는 대로 몸을 아끼지 않았다. 튼튼한 체격에 성실했던 명수 청년은 건설현장에서 작업반장까지 오르며 돈을 모았다. 할아버지는 3년여 만에 묵직한 가방을 들고 귀국했다. 낯선 타국에서 노력한 보람으로 큰돈을 모아 돌아온 것이다. 그 돈으로 아낌없이 토지를 사들였다.
– 중략

나는 어느덧 중학생이 되었다. 단발머리에 하얀 카라가 눈부신 교복을 처음 입었다. "이 세상에서 내 손녀가 제일 예쁘다, 예쁘다"하시며 토닥여 주시던 정 많은 할아버지였다. – 중략

　그는 농사밖에 모르는 전형적인 농부였다. 대궐처럼 크게 집을 짓고 집 앞에 논, 밭을 사모아 평생 농사만 지었다. 일생을 두고 가슴에 품었던 부농의 꿈을 번듯하게 이룬 것이다. – 중략

　정문자 수필가는 살기 좋은 고장 진해에서 태어나 성장했다. 고등학교 다닐 때는 백일장에서 입상하는 등 문학소녀였다. 어릴 적부터 글 쓰는 능력이 내재 되어 있었을 것으로 사료 된다.
　제목처럼 지금도 꿈꾸는 그곳은 할아버지 능력으로 일가를 이룬 터전이었다. "나는 할아버지 왕국에 행복한 공주였는지 모른다."라는 대목이 있다. 어쩌면
　그랬을지도 모른다. 할아버지가 일본에서 번 돈으로 ㄷ자 큰 집을 짓고, 토지를 사모아 염원하던 부농의 꿈을 이루었으니 그럴 만하다. 더구나 첫 손녀이기에 귀염을 독차지했을 것이다.
　몰래 사랑방에서 사탕을 꺼내먹은 일, 쌀뜨물 사건, 콩을 깔아 이사 가자고 졸라대는 이야기 등은 모두 할아버지와 있었던 아련한 추억이다. 통상 할머니에 대한 회상이 많은데 할아버지와 사연은 특별한 경우다.
　이 밖에도 필자가 심혈을 기울여 쓴 작품이 수두룩하다. 한복 전문가다운「한 올의 정성」, 환경 오염 문제를 나룬「내일을 위하여」,「세 자매」,「해후」,「찹쌀떡 온정」등을 소개하지 못해 심히 아쉽다.
　필자의 문학적 소양은 여고 시절부터 싹텄다고 볼 수 있다. 시장에서 한복 가게를 운영하면서도 무궁화 봉사대에서 활동하는 한편, 수묵화, 민화 등 그림을 그리는 수준 또한 상당한 수준이다. 성격이 차분하고 이지적인 사고를 품은 그는 늦은 나이임에도 불구하고 문학을 향유할 수 있었다. 그의 특징은 어떠한 위기

에 봉착하더라도 슬기롭게 극복하고 순리로 풀어가는 능력을 보유하고 있다는 점이다.

　이제 서효창 수필가의 문학세계로 들어가 보기로 하자.
　그는 요즈음 왕성한 활동 하고 있다. 여러 수필 지에 작품을 발표하는가 하면, 야사와 야담을 집필하고 있다.『강가의 아이들』수필집을 출간한 후 꾸준히 발품을 팔아 자료를 수집하더니 교차로 신문에 연재하기 시작했다. 매주 목요일마다 1편 식 2년째 연재하고 있다. 몇 회 읽어봤는데 분량도 만만치 않았다.
　매회 이렇게 많은 분량을 일주일에 한 편씩 쓰고 있는 작가의 열정이 대단하다. 대저 글이란 자신이 쌓은 지식을 바탕으로 작가가 지향하는 상상의 영역을 가미하여 하나의 작품이 완성되는 것이다.

　　원정 스님 뒤를 이어 명진 스님이 법 좌에 오르셨다. 스님은 몇 년째 경남 불교청년회 경남지부 지도 법사를 맡아 청년들을 가르치고 있다. 비록 삭발은 했으나 반듯한 체격에 콧날이 우뚝한 남성미가 넘치는 모습이다. 스님은 청정한 눈매로 청중을 굽어보며 말문을 열었다.
　　"오늘날 사부대중이 안고 있는 번민과 고통에 대하여 불교는 어떠한 해답을 제시할 것인가? 한국 불교는 현 사회가 당면한 복잡하고 다난한 문제를 능동적으로 대처하고 있는가? 구태의연한 자만심에 빠져 자비심을 잃고 소명을 상실한 채 허우적거리고 있지는 않은가? 명진 법사는 처음부터 사자후를 토하며, 청년 불자의 가슴에 서릿발처럼 예리하게 파고들었다.
　　- 중략

　　각 지회장이 회동하면 열띤 토론이 벌어졌다. 언제나 토론의 주제는 혁신이었다.
　　〈초하루 보름에 열리는 법회를 주말에 개최하자는 의견을 내놓았다〉
　　〈대중과 더욱 가까이할 수 있는 생활불교를 지향하자고 제안했다〉
　　〈구태의연한 남존여비 사상, 성차별 문제를 해소해야 한다고 주장했다〉

신세대 젊은이다운 신선한 발상이었다. 현재 불교는 급속히 변화하는 사회환경에 적응하지 못하고 매너리즘에서 벗어나지 못하고 있다. - 중략

방장 큰 스님을 모시고 있던 묵인 스님은 나이가 비슷한 권호(성진)를 데려와 절에 머물게 했다. 의욕을 잃고 실의에 빠져있던 권호는 서서히 안정을 찾아갔다. 주야로 불전에 엎드려 마음을 다잡고 있던 그는 어느 날 출가할 뜻을 굳혔다. 죽도록 사랑하는 사람을 잊지 못하는 괴로움에서 벗어나고 싶었다. - 중략

위의 글은 「묵인과 명진」 일부를 옮긴 글이다. 서효창 수필가가 혈기왕성할 때 불교청년회에 몸담아 활약했던 일화를 쓴 수필이다.
명진과 묵인 두 스님은 우연한 기회에 만나 한마음으로 불제자의 길을 걷게 된 도반이 되었다. 그들은 성주사에서 수행 중, 경남불교 청년회 회원을 지도하는 중책을 맡게 되었다. 해설을 쓰고 있는 나 또한 승적이 있을 때는 지도 법사를 한 적 있었다.
명진 스님이 한창 청년들을 가르치고 있던 어느 날, 뜻밖의 손님이 찾아왔다. 오래전 대학캠퍼스에서 열렬히 사랑했던 여인이 나타난 것이다. 안타깝게도 이날이 후 성진 스님을 어디에서도 볼 수 없었다.
이 밖에도 부처님오신날을 비롯해 수계법회, 도자기 전시회 등을 소상하게 소개하고 있다. 작가는 해박한 불교 지식을 바탕으로 진리의 부처님 말씀을 전하고 있다. 특별히 기억에 남는 부분은 성진 스님의 애달픈 사연이었다. 저자는 지금도 소운을 위시해 많은 대덕 스님과 교류하며 불심이 가득한 거사이다.

진주성 주인은 누가 뭐래도 김시민 장군이다.
장군은 전장에서 소리높여 외쳤다. "나는 충의를 맹세하고 진주성을 지켜 백성을 구할 것이다. 우리가 힘을 합치면 섬 오랑캐 수십만인들 무엇이 두려우랴. 나를 따르는 자는 살 것이요, 도망하는 치는 자는 멸할 것이다.

나의 엄지는 이미 떨어지고 식지와 상시로 활을 당기다가 남은 세 손가락마저 떨어질 때까지 싸우리라"
 1592년 김시민 장군은 불과 3800여 명의 군사로 왜군 2만여 명을 물리쳤으니 참으로 믿기 어려운 기적 같은 전쟁이었다. - 중략

 짙푸른 남강물은 진주성을 감싸고/천만년 변함없이 도도히 흐르는구나/예부터 고고한 학이 날갯짓하고/용맹한 호랑이가 포효했도다/옳음이, 충심이, 절개가 살아 숨 쉬는 유서 깊은 이 땅에/구름인들 바람인들 허수히 지나가리./

 촉석루 옆에는 의기 논개 영정이 걸려있는 사당이 있다. 의 암에서 왜장을 안고 강물에 투신한 그의 결기는 조선 여인의 표상이 되었다. 프랑스에 잔다크가 있다면 우리나라에는 논개가 있다.

 거룩한 분노는 종교보다 깊고/불붙은 정열은 사랑보다 강하다./아-! 강낭콩보다 더 푸른 그 물결 위에/양귀비꽃보다 더 붉은 그 마음 흘러라/
 - 변영로 「논개」 중에서

 우리 부부는 이 박물관에 잊지 못할 추억이 있다. 30여 년 전 이곳 판매장에 들렀을 때였다. 나무로 정교하게 깎아 옻칠한 기러기 한 쌍이 보였다. 아내는 기러기를 눈여겨보다가 진주 여행 기념으로 사들였다. 예부터 기러기는 한번 짝을 맞으면 평생 해로한다고 전해온다. 언제부터인가 기러기 한 쌍은 우리 내외의 상징물이 되었다. 지금도 아내는 매일 반짝반짝 윤이 나게 닦아 보물처럼 귀히 모시고 있다. - 중략

 책의 타이틀과 같은 『한 쌍의 기러기』는 아내와 함께 진주성을 답사한 기행문이다. 진주성 전투는 임진년 전쟁에서 처음 승전고를 울렸지만, 처절한 전투였다. 김시민 장군이야말로 만고의 영웅이시다.
 의 암에서 왜장의 목을 끌어안고 물속에 뛰어든 논개야말로 가히 조선의 잔다크였다. 논개야말로 우리나라 여성의 다할 수 없

는 표상이 되었다.

작가 부부가 진주 박물관 내 판매장에서 기러기 한 쌍을 구매했다. 여행 기념으로 사 온, 이 기러기는 후일 두 분이 아끼는 진품이 되어 고이 보관하고 있었다. 예부터 기러기는 한번 짝을 지으면 평생 해로한다고 하니 영물이 아닐 수 없다. 그런 연유로 책표지에 기러기 사진으로 장식되기도 했다.

드디어 입주자 대표를 선출하는 투표가 시작되었다. 각 동 입구에는 입후보 기호와 인적사항이 붙어있고, 그 아래 투표함이 놓였다. 미리 배부한 투표용지는 편한 시간에 투표함에 넣으면 된다.

아파트 입주자 대표는 무보수로 봉사하며 명예도 없다. 그저 입주민에게 욕먹지 않으면 다행이다. 그렇지만 작은 지자체처럼 책무는 막중하다. 경비용역, 환경미화 용역 등을 심의 의결하고, 관리소장을 임명한다. 매년 점검하는 물탱크 청소, 전기, 수도, 승강기 등을 작업할 업체선정 또한 대표자의 몫이다. - 중략

협의는 지지부진하고 부도덕한 그들에게 한계를 실감한 우리는 행동으로 나섰다. 대표와 부녀회가 주축이 되어 30여 명이 시청에 몰려가 거칠게 항의했다. 잠시 후, 시장과 마주 앉은 나는 입주민이 요구하는 14개 항을 제출하고 그동안 논의 과정을 상세히 설명했다. 그러자 시장은 "입주민의 요구사항을 잘 알겠습니다. 관계자와 상의하여 조치하겠습니다" 말했으나 "정확히 확인하지 않고 준공을 허가한 책임을 묻고, 확답 없이는 절대 물러서지 않겠다." 주장하며 3시간여 버티었다. 결국, 시장은 H 건설 사장과 직접 통화하여 신속히 하자를 보수하기로 약속을 받아냈다.   중략

2년여 대표로 활동하면서 많은 분이 도와주고, 성원을 아끼지 않았다. 반면 온갖 음해와 유언비어에 시달리기도 했다. 심지어 피서지에 있는 동안 공금을 횡령하고 피신했다는 소문이 퍼지기도 했다. 오죽하면 관리소장이 확인 전화까지 했겠는가? - 중략

이와 같은 사례는 극히 드물다. 통상 아파트 대표는 주위의 추천으로 임명되고 있다. 때로는 서로 사양하여 공석으로 남아있기

도 한다.

서효창 작가가 입주했던 H 아파트 대표는 초기에 건설사 사람으로 채워져 그들의 입맛대로 전횡을 일삼았다. 보다 못한 부녀회 등 주민들이 나서서 대표를 직선으로 선출하게 된 것이다.

작가는 등 떠밀 듯 동대표에 당선되었다. 대표가 되자, 건설사에 끈질기게 하자보수를 요구했다. 그러나 건설사는 보수는 하지 않고 뇌물을 주는 등 음해와 횡포가 극심했다. 작가는 이 과정을 상세히 기록하고 있다.

도저히 대화로는 협상이 어렵다고 판단하고 입주민을 동원하여 시장실을 점거하고 농성에 들어갔다. 작가는 시장과 담판하여 목적을 달성하게 된다. 끈질긴 투쟁으로 성취한 결과였다.「직선 입주자 대표」이 수필은 작가의 바르고, 곧은 성격이 잘 드러나고, 해피엔딩으로 끝을 맺는다.

　　우리가 강변 살 때는 해마다 얼음이 꽁꽁 얼었다. 은빛 반짝이는 칼스케이트를 타고 신나게 달리던 형의 모습이 어른거린다. 작은형과 나는 영락없이 닮았다. - 중략

　　시난고난하던 형이 위중했다. 하루는 누워있는 형과 긴 시간을 가졌다. 큰형은 외지에 나가 있어서 나는 항상 작은형을 따라다녔다. 눈길에 손을 맞잡고 학교 가던 길, 똑같이 우등상을 받았던 이야기, 낚시 갔다가 고기가 잡히지 않아 메뚜기 잡던 일. 등 우리 이야기는 조곤조곤 끝없이 이어졌다.
　　형제간에 대화가 길어지자 형수가 음료를 챙겨주고 나갔다. 이제 작은형은 옆으로 누워 말하고 나는 벽에 기대어 들었다. - 중략

　　작은 형은 체격이 듬직하고 잘생긴 미남이었다. 유난히 삼겹살에 소주를 즐기던 호방한 사나이였다. 서예, 그림, 명리학, 등을 섭렵하여 누구보다 해박했다. 미인은 박복하고 재인은 단명하는가……?
　　영원히 돌아오지 못할 저 강물처럼 불귀의 객이 되어버린 형이 오늘따라 유난히 보고 싶다. - 중략

「작은 형」 작품을 읽고 다시 한번 형제간 우애를 깊이 느끼게 했다.

일찍 타계한 형을 그리워하는 심정을 작가의 유려한 필치로 한 가닥 한 가닥 풀어냈다. 오랫동안 지병에 시달리던 형이 합병증으로 위중 하자, 마지막으로 지난날을 추억하는 내용은 가슴이 뭉클하며, 잊히지 않는다.

네 살 아래였던 서효창 수필가는 어릴 때부터 형을 따라다니고, 의지했던 것 같다. 작가가 야간 고등학교 다닐 때 격려하는 편지, 눈 속에 손을 꼭 잡고 학교 가던 길, 낚시하다가 메뚜기 잡던 일, 등 소소한 추억들이 파노라마처럼 펼쳐진다.

작은 형 이름은 서효득 선생이다. 작가와 끝 자만 다르다. 외모도 흡사 닮았다. 그러나 재능은 형이 훨씬 출중했다. 태권도 사범에다가, 그림, 서예, 명리학 등 명실공히 문무를 겸한 재사(才士)였다.

시종일관 리얼하게 써 내려간 이 수필은 어느 독자가 읽어도 진실로 공감하게 될 것이다. 잔잔한 감동을 안겨주는 우수작이었다.

그 외에도 죽마고우와 진실한 우정을 그린 「브로맨스」, 기행수필 「적벽동천」, 다가올 미래를 예측한 「메타버스」 등 실로 다양한 장르에 걸쳐 글을 쓰고 있다. 이러한 작품 속에 탁월한 작가의 능력이 고스란히 드러나고 있다.

그리고 문장을 물 흐르듯, 매끄럽게 정리하고 요소요소에 핵심을 찌르는 예리함을 엿볼 수 있다.

서효창 수필가는 창녕군 남지읍 낙동강 강변에서 자랐다. 더 넓은 백사장이 놀이터였다. 그의 가슴에는 언제나 시퍼런 강물이 흐르고, 언제나 고향의 아름다운 정경을 글 속에 담고 있다.

작가는 오랫동안 삶의 현장, 시장에서 몸소 겪었고, 심리상담사로, 서예 초대작가, 자원봉사, 경남 시사교양 포럼 대표로 등으로 활동하며 축적된 경험과 지혜의 산물이 작품 속에, 내재하고 있다. 서효창 작가의 글을 읽으며 수필을 어떻게 써야 하는지를 다시 한번 느끼게 했다.

　수필은 진솔한 삶의 성찰이다. 그리고 자신의 본질을 찾아가는 과정이다. 대체로 풍족한 환경에서는 감동적인 작품이 탄생하지 않는다. 누구나 공감하는 명작은 상실과 일탈에서 나온다는 것은 예나 지금이나 다를 바 없다.
　주자의『근사록』에는 "너그러우면서도 엄격하라" "온화하면서도 바른 것은 단호히 주장하라"라는 문구가 있다. 두 분의 글 속에는 근사록의 뜻이 은연히 내포되어있음을 알 수 있다.
　늦은 나이임에도 불구하고 이렇게 좋은 글을 쓸 수 있었던 근저는 많은 경험과 의지에 기인했을 것이다. 비록 이름있는 평론이나 비평가처럼 전문적인 문장을 구사하지는 못하지만 두 분을 잘 알기에 해설에 응했다. 사실 본인은 승가에서 자리를 옮겨 인문학을 선택했지만, 전공은 종교학 분야이다. 이 글을 읽는 독자의 깊은 양해 바랍니다.
　요즈음은 100세 시대이다. 두 분은 아직 건강하다. 더욱 진한 여운을 남기는 훌륭한 작품을 기대한다. 다시 한번 산수기념 수필집『한 쌍의 기러기』발간을 축하드립니다.

　　　- 성심제에서 상현달을 바라보며. 이연 씀

■ 작가의 글

물안개

스멀스멀 물안개가 길을 덮고 집을 에워쌉니다.
길섶에는 풀잎마다 이슬 맺히고,
내 마음도 촉촉이 젖어옵니다.
안개는 숲을 따라 끊임없이 피어오릅니다.

햇살이 퍼지자 안개가 걷히고 푸른 하늘이 드높습니다.
온산에 울긋불긋 단풍이 곱습니다.
저 붉은 가을 색은 어디서 왔을까요?
스산한 바람 불어 마른 잎 떨어지면,
떠나간 그 사람이 그립습니다.
여기는 선계(仙界), 그림 같은 청계마을입니다.

― 정문자 수필 「그림 같은 청계마을」 중에서

시집가기 전날 밤, 엄마와 나란히 누워 잠이 들었다. 설핏 잠결에 기척을 느끼고 눈을 떴다. 엄마는 내 손을 쓰다듬고 있었다. 나는 벌떡 일어나 엄마 품에 안겼다. 그때 그 내음 엄마의 향기가 코끝을 살짝 스쳤다.

평소 말수가 적은 엄마는 조곤조곤 타이르듯 말했다. "문자야, 너한테 못 해준 것이 많아 미안하구나. 너는 어미처럼 고생하지 말고 잘살아야 한다. 알았니?" 하시며 얼굴을 붉혔다. 엄마의 당부에 나도 모르게 울컥 눈물을 쏟았다.

― 정문자 수필 「엄마의 향기」 중에서

화순 절벽은 워낙 명승지라 많은 시인 묵객이 즐겨 찾았다. 정조 1년 화순 현감이었던 부친을 따라 화순에 왔던 다산 정약용은 시 한 수를 남겼다. 그의 나이 불과 17세였다.
　해맑은 가을 모래는 오솔길에 뻗었는데/동문의 푸른 산은 구름이 피어날 듯/
　새벽녘 시냇물엔 연지 빛에 잠기었고/깨끗한 돌 벼랑은 비단 무늬 흔들린다./
　붉은 돌은 노을 기운 어리었고/푸른 숲에는 새들이 날아가네/

　– 서효창 수필 「적벽동천」 중에서

한 쌍의 기러기
서효창·정문자 수필집

2024년 9월 30일 발행

지 은 이 | 서효창·정문자
편 집 인 | 이소정
펴 낸 이 | 임창연
펴 낸 곳 | 창연출판사
주　　소 | 경남 창원시 의창구 읍성로 36
출판등록 | 2013년 11월 26일 제567-2013-000029호
전　　화 | (055) 296-2030
팩　　스 | (055) 246-2030
E - mail | 7calltaxi@hanmail.net

값 16,800원
ISBN 979-11-91751-87-1   03810

ⓒ 서효창·정문자, 2024

* 이 책의 판권은 저자와 창연출판사에 있습니다.
* 양측의 서면 동의 없이 무단 전재나 복제를 금합니다.